# 奥羽怪談
# 鬼多國ノ怪

黒木あるじ、小田イ輔、葛西俊和、
鷲羽大介、大谷雪菜、卯ちり、菊池菊千代、
月の砂漠、鶴乃大助、高田公太



竹書房
怪談
文庫

# 目次

## 宮城県



## 秋田県

## 岩手県

## 山形県



◉奥羽異譚／黒木あるじ

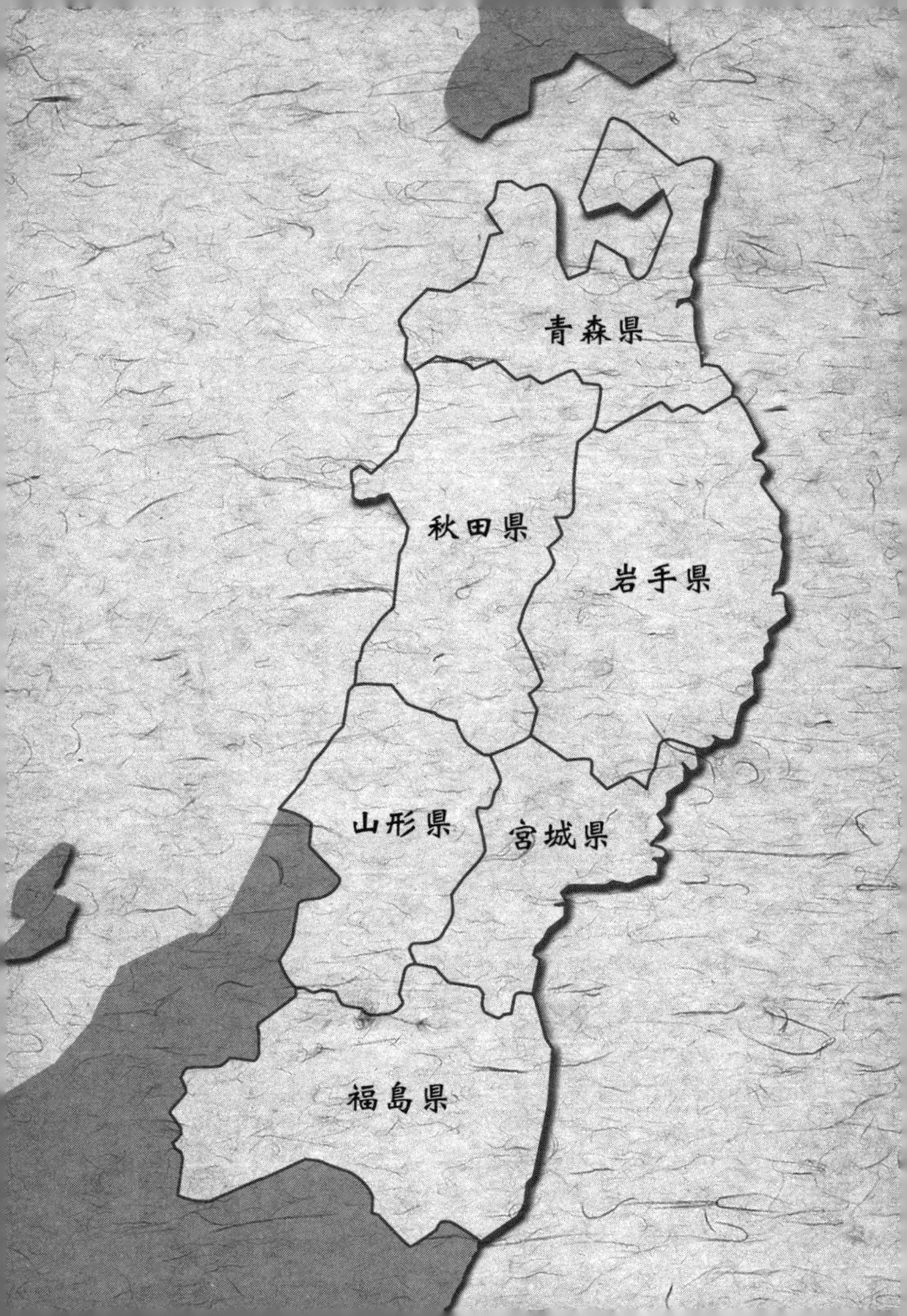
青森県
秋田県
岩手県
山形県
宮城県
福島県

# 宮城県

# 絆

小田イ輔

四十代の男性、U氏から伺った話。

彼は宮城県の某港町で生まれ育った。

「俺は文化的な人間だからさぁ、荒っぽい雰囲気とかダメなわけ、だからあの町も本質的に合わないんだよな。うるさくて魚臭くて、酒とタバコとギャンブルやらないと一人前じゃないみたいな雰囲気、ほんと無理」

中学に上がる頃には、早く故郷を出たいと思っていたそうだ。

「仙台でも東京でもいいけど、とにかく地元には居たくなかった。だから高校卒業して東京の大学に進学した時はせいせいしたよ」

就職難が叫ばれた時代に大学を卒業したものの、田舎に帰りたくない一心で就職活動に励み、無事に東京で就職、そのまま順調に二十年。もともと兄弟はおらず、既に両親が他界した今となっては、里帰りどころか故郷を思い出すことも稀《まれ》。

「ただ、ある時期、虫の知らせっていうのかな、妙なことがあってねぇ」

話はU氏が高校生だった頃にさかのぼる。

なんとしても都会の大学に進学したかった彼は、勉強漬けの毎日を過ごしていた。

「部活にも所属しなかったし、友達すら作らないでいたよ。どうせ捨てる町なんだからと思ってさ」

孤独な勉学の日々、彼の心の癒しとなったのはエロ本だった。

「市内に格安でエロ本を売っている店があったんだ」

その店は港にほど近い路地裏にひっそりと佇《たたず》んでおり、古ぼけた店の中いっぱいに中古のエロ本が積み上がっていたらしい。

「遠洋船なんかの漁師が長い船上生活において世話になるわけだよねエロ本に。一人当たりでもそれなりの量を買い込んで船に持ち込んでたんじゃないかな。でも同じものを毎日読んでれば飽きるでしょ？　かといってそれを一航海ごとに新品で買いそろえようと思ったら金がかかって仕方ないってことで――」

エロ本専門の古本屋に強烈な需要があったのだろうとU氏は言う。

「古本屋っていうよりも、有料のエロ本交換所とでも言った方が近かったのかも知れないな、要するに俺はそのおこぼれに与《あずか》っていたというわけ」

漁師たちが読み捨てたエロ本を、その店を通して何十冊も格安で手に入れ、読み耽《ふけ》っていたとのこと。

「ただねえ、やっぱ読まれてた環境が環境だから、そこで買ったエロ本はどれも重油みたいな独特の臭いが沁《し》みついててね。まぁその分安く手に入れてるんだから文句も言えないし、慣れもしたんだけどさ、未だに忘れられない臭いなんだ」


そんな青春の日々から十数年後、U氏が三十代半ばに差し掛かった頃のこと。

「今でもだけど、俺、エロ本のコレクターやっててね。高校の時にそんなだったから、エロ本っていうジャンルそのものに愛着が湧いてさ、部屋中エロ本だらけなんだよ」

ある時、部屋でぼんやりしていたところ、彼はふと、その臭いに気付いた。

「故郷の、あの店で買ったエロ本の臭いがするんだ。でも、高校の頃に買ったエロ本はこっちに出て来る時に全て処分したから、おかしいなって」

それから連日、家でエロ本を眺めている間に限って、饐《す》えた重油のような臭いが漂《ただよ》ってきた。きっとどこかに発生源があるはずと探してみるも、臭いの元は不明のまま。

首を捻《ひね》りながら過ごしていたある日、なんの気無しに立ち寄ったコンビニの中を歩いていたU氏は、思わず立ち止まった。

「当時はまだ充実してたコンビニのエロ本コーナーの辺りからさぁ、例の臭いがした」

ええ？　と訝《いぶか》しがりながら、人目もはばからず陳列されているエロ本を手に取った瞬間だったという。

「グラっときてね、地震」

続いて起こった津波によって、彼の故郷が壊滅するのは、それから間もなくのこと。

以後しばらくの間、U氏はテレビの報道を通して、生まれ育った町の変わり果てた姿を見続けることになる。


「なんの愛着もない町だったけどさ、唯一、エロ本を売っていたあの店だけは別だったんだなって気付いた。足繁く通ってたあの裏路地になんの建物も無くなっているのをテレビで見た瞬間に、涙が止まんなくなってさ」

すると、地震の前に漂っていた例の臭いは？

「あれ、だから多分、何かのシグナルだったのかなと思う。SOSっていうよりも、お別れの挨拶みたいなもんだったんだろうなぁ」

実際、地震があった日を境に、その臭いはしなくなったと彼は言う。

「あの頃よく『絆』って言葉が使われてたけど、浮いた感じが気持ち悪いなと思いつつ、俺にもそれらしきものがあったんだって、思ったりしたよ。うん、あの臭いは、流されたエロ本屋と俺の絆そのものだったんじゃないかな」

# ものすごく死んだふり

小田イ輔

　Wさんは、某幹線道路沿いで死んでいたタヌキが一瞬で生き返るのを見たという。

「車にでもはねられたのか、内臓が飛び出て血まみれで横たわっていたんです。私は自転車で通りかかったんですが、流石に可哀相だと思って、土のある場所に移してあげようと近づいた瞬間ですよ、ぴょんと跳ね起きたんですね、タヌキ。こっちも驚いて飛び退いたら、さっきまでグチャっとなってたくせに、綺麗な姿でピンピンしてました。『タヌキは死んだふりする』って言いますけど、あれいわゆる擬死行為だけでなく、本当に『死体にも化ける』んだなと。しかし、なんのためにそんなことするんですかねぇ、人騒がせですよねぇ」

# 某地区敬老会にて

小田イ輔

今から七年前、宮城県沿岸某所で行われた敬老会にボランティア参加した際のこと。

余興や出し物が終わった昼過ぎ、仕出し弁当を食べつつの宴会が始まる中、私は会場の片づけをしながら、それとなく様子をうかがっていた。

自分に配られた弁当をどこで食べるか、誰と食べるか。

ボランティアとしての仕事は既に済んでいる、参加者に何か不都合が生じるなどしなければ、残りは基本的に場を見守るだけの、ほとんど自由時間。

集まっているのは主催側の人間を除くと七十代後半から九十代の男女、三十人前後。見知った顔もチラホラいるものの、どうせなら面識のない人物と話をしてみたかった。

その土地における古参中の古参達、様々な経験を経た彼等の中にはきっと「妙な体験」をした人がいるはず。なんなら自分の体験ではなくても「ちょっと変な話を小耳に挟んだことがある」程度でも構わない。

包み隠さず言えば、私はその場に自身の怪談収集欲を満たすため参加したのだった。

会は十五時前にはお開きになる予定である、歓談の猶予は二時間弱。
以下に、その時、その場でのやり取りを抜粋し書き起こした。

※

Tさん　八十代男性とのやり取り。

は？　なんだって？
――その、お化けとか、幽霊とか、そういう話好きなんですよね、私。
はあ？　化け物の話？　なんだってそんなもん好きなんだが？
――なんででしょうね、面白いから、ですかね。
ハア、だども八卦置《はっけお》きでもあるまいし、そんな話そうそうねぇべやな。
――まぁ、そうなんですけどね……　なので色んな人に声かけてんです。
んだが……　俺ぁ、河童《かっぱ》なら見だごどあっけどな。
――え？　河童？

うん河童、海でな。

——海で？

夜釣りしてだのよ、そん時な。

——川じゃなく、海でですか？

だれェ、川で夜釣りなんてしねえべど。

——でも河童って、普通は川とか沼とかそういう……。

そんなのどうなのがわがんねげど、居だんだもの、海に。

——それはどういう？

海がよ、なんだがやがますねぇ《うるさい》夜だったんだよな、ぼぢゃんぼぢゃんって、海面がら音してよ、俺ぁてっきりボラでも跳ねでんだべなって思ってだども、それにしてもからせずねぇなど《騒がしいなと》思ってよ、あんまりだったがら、町の灯りば頼りにして辺り見だっけ《見回した》べ。

——夜の海を？

うん、そしたっけ、俺の立ってる岸壁のすぐ側、ほんの二、三メートル先で、海がら頭の上半分だけ出して、こっち見でんだべちゃ、人が。

——え？　人だったんですか？　河童ではなく？

だがらそれが河童だべど、河童みでぇな人っつうごどは、河童だべ、海がらだもの。

――河童みたいな人は河童？　なるほど？

目ぇ合ってよ、こっちば睨《ね》めでくっからよ、俺もおっかねぐなって、竿畳んで逃げだでば。

――海の中から睨《にら》んできたんですか？

ように見えだっつうがな、音鳴らしてだのもアレだべおん、目ぇビガビガってなァ。あいう時っつうのは糸垂らしてるだけでも気持ち悪ィもんだ。

――それ、いつ頃の話ですか？

俺がまだ若ぇ頃《わけ》だがら、五十年、六十年前。あの頃《こら》ぁマグロ船の奴らがよぐ海さ落ぢでだがら、それだべなァ。

――海に落ちてた？

うん、漁船の停泊中に町の飲み屋で飲んでな、酔っぱらうべ？　そんで船に帰ってきた時に陸と船繋いでるタラップがら叩き落ぢんのよ、足踏み外して。それがどうも周りに気付かれ難いらしくてな、そのまま死ぬ。

――それは、気の毒な……。

今はほとんど聞かねぇげんと、昔はよぐあったんだ。沖だけでねぐな、停泊中の事故ってのも多がったのさ。

――で、その亡くなった方が「河童」になったと?

たぶんな、俺はそうなんじゃねぇがど思ってる。場所がらして普段から遠洋船なんかが係留してあっとごだったしな。自分は冷てぇどごにいんのに、陸の上がらのんきに釣り糸垂れでる奴見だら、ごせっぱらやげ《腹が立つ》んでねが、だがら邪魔すんだべ。

――なるほど……。

俺はそんぐれえだ、他は無《ね》ぇ。

※

Tさんからお話を伺っている最中「なんの話?」と我々の側にやってきた方がいた。その人物、Yさんは、Tさんの話を聞きながら「あの頃はなぁ」「んだったなぁ」などと相槌を打ち、会話を盛り上げてくれた。

話を終えたTさんが「アンダはなんかねぇのすか?」といたずらっぽく語りかけるとYさんは少し考えてから「無ぇごど無ぇげども」と言い、静かに語り始めた。

※

Yさん　八十代男性とのやり取り。

オラ家《え》はね、農家なんだげんともっさ。

――はい。

家の裏にね、ススキば植えてる土地あってね。

――ススキ?　あの背の高い?

そう、昔はカヤバつってね、屋根葺《ふ》くためにわざわざススキ育てでだのっさ。

――すると、Yさんのところも?

いや、オラ家のはっさ、違うんだ。

――カヤバ?　ではない?

うん、なんにも使わないススキを、わざわざそごに生やしてんの。

――それはどうしてですか?

オラは昔っからね、自分の親だの祖父《じい》さん祖母《ばあ》さんだのに「裏のススキば刈るもんでねぇぞ」って、口すっぱく言われでだんだ。

――ほうほう　なぜ?

そごね、人が死んでだ土地なの。

――え？

いづの頃なのが、うんと昔のごどなんだべげんともね、オラ家さ、物乞いが立ち寄ったんだどさ。

――はい。

オラ家はおっきい家だったがら、昔はよぐあったらしいんだ、話によれば、普段は気前よぐ食い物だの銭っこだの振る舞ってだようなんだげんど、その時、その物乞いが来た時だげ、ナニが悪がったんだが、怒鳴りづげでおっぽった《追い払った》らしいんだな。

――たまたま、当たりが悪かった？

ナニあったんだが、昔のごどだがんね、オラも分がんねぇんだども、とにかぐ家の人にごしゃがれで《怒られて》、何も貰えねぇまま、いねぐなったんだどさ。

――え？　もしかして……。

うん、その物乞いね、次の日にオラ家の裏で行き倒れでだみでぇ《みたい》でね。わざわざその場所選んで、当てつけだんだがなんだがはしゃねよ《知らないよ》、ただ、そっからららしいんだな、遺体の始末してがらも、裏さ立づんだど、その物乞いが。

――幽霊ってことですか？

そうなんだべおんね、死んだ人立づんだがらね。ほんでまぁ、縁起でもねぇし、薄気味悪いしで、土地のオガミサンに相談したらば「その場所さススキ植えで絶やすな」って言われだっつうんだな、そんで言う通りにしたらば、生え揃う頃には見えねぐなったど、そういうわげなんだ。

――それが今でも？

もう裏ば眺めでも幽霊だの立ってねぇげんとね、俺もガギの時分から言われでっこどだがら、刈れねぇでいるの。

――なんとも……。

ただまぁ、オラの息子はその土地処分したがってでっさ、こと訳を語って聞かせでもダメなんだな「そんな土地売っぱらってしまえばいいべど」って、コレだもの。

――あぁ……。

オラが死ぬまではススキば絶やすごとねぇげんとさ、そうなって後に、なにがあったんで上手ぐねぇがら、なじょすっぺ《どうしょうか》など思ってっとごでね……。

※

方々で笑い声や手拍子などが起こり、参加者それぞれが銘々に敬老会を楽しんでいる中、会場の片隅で静かに盛り上がる我々の下には更《さら》に二人の人物が加わっていた。

七十代の姉妹、SさんとFさんは、それぞれがTさんYさんと顔見知りであり、挨拶がてら声をかけようと寄ったところ、あまりにも陰気臭い話をしていたため、とりあえず黙って聞いていたという。

Yさんの話を聞き終え「こんな昼日中っから語る話でねぇべした」と笑い合う姉妹に、せっかくなので水を向けてみると、姉のSさんが以下のような話を聞かせてくれた。

※

Sさん　七十代女性とのやり取り。

私ら五人兄妹だったの。

――あ、そうなんですか。

うん、私とFの上に兄貴が三人。

――頼もしいですねぇ。

ほんとにね、三人が三人とも立派な体格で、周りから一目置がれでて。

――へええ。

生まれだ時代が良ければ皆大学さでも入って出世したべおんに。

――ご職業はなんだったんですか？

漁師よ、三人とも。

――おお、この町の花形ですね。

戦争も終わって、これがら日本が良ぐなるって時だったがらね。いっぺえ稼いで皆さ一軒ずつ家建ててやっからなって、そんなごと語ってだわ。親兄妹だげでねくて親戚一同背負って立つようなつもりだったんだべね。

――立派だ。

ホントにそうなってだら、私達も苦労無かったんだ。

――というと？

三人が三人、一緒になって死んでしまったの、船の事故で。

――え？　一度にですか？

そう、三人とも同じ遠洋船に乗って海に出て、沈没してそのままよ。遺体も帰って来ながった。

——それは……。

そういうごどんなっから、兄弟だの家族だの、一つの船に乗せるもんでねぇってのは当時から言われれでだんだけどね、上の兄貴が「大丈夫だがら」って言うもんで、その一声で。

——なんとも……。

語るとキリねぇね、後悔してもしきれない。

——なんかスミマセン、辛いお話を……。

ふふ、何十年も昔のごどだもの、辛いなんてもう無いげどね。ただ、あの晩のごどは忘れられねぇんだな、兄貴らが三人並んで夢枕に立ってね。

——事故の日ですか？

うん、恐らくそう。夜中にどうも寝苦しくって目ぇ覚めだら、布団の脇にボヤっと立ってニコニコ笑ってで。

——おお。

なになに、なんだべって、慌でで布団から体起ごしたらもうどこにも居なくってさ。

——あぁ。

そっから寝つけなくて、何かあったんでねぇべがど思ってね。だげんどニコニコしてだし、大丈夫だべおんって、無理くりそんなごども考えだりして。

――心配ですよね……。

それでも明け方になって少しトロトロどしてきて、なんぼが寝だんだね。朝の物音して目が覚めで、いつもの通り台所に行ったらFが泣いでて。

――え？

「姉さん、兄さん達が夢枕に立った、びしょびしょに濡れで、真っ青だった、これダメがもしんねぇ」って。

――姉妹で……。

そう。別々の部屋で、同じ晩に、同じように夢枕に立たれだんだね。

――ああ……。

私もそれ聞いで「ああやっぱりがぁ」って、力抜けだようになってしまって。自分一人なら誤魔化せだんだべに、Fもどなっとね……。そしたら案の定、間もなく「船が消息絶った」って連絡入って。

※

時刻は十四時半を過ぎ、頃合いを見計らって帰り支度を始める参加者も出始める中、私は四人に向かって、自分が人から聞いた怪談を書いて本にしていることを伝えた。

するとそれを聞いたTさんが冗談めかしながら「なに？　おめえ商売人だったのがや！　だらば余計なごと語んでねがったなぁ」と言う。私は私で、後出しになってしまったことを詫び、聞かせて貰った話を自分の本に収録しても良いか訊ねてみた。

四人は口々に「なんだがおしょすい《恥ずかしい》ようだな」とはにかみつつ、自分たちが特定されない書き方であれば構わないと了承をくれた。


あれから七年、四人は既に故人である。

自身の持つ土地のことを気にしていたYさんが「書いでもいいげど、万が一何があっと面倒だがら、できれば自分が死んだ後に頼むわ」と仰《おっしゃ》っていたこともあり、少し寝かせた上での執筆となった。

四人への感謝の気持ちと共に、ここに発表する次第。

# 給湯室の声

葛西俊和

仙台市内のとある貿易商社に、大学を卒業した平子さんは就職した。

平成が始まってまだ間もない頃のことだ。この頃、日本の景気はうなぎ上りに上昇しており、いわゆるバブル景気という状況だった。平子さんの就職した会社でも、売り上げが急速に伸びており、社内は連日、お祭り騒ぎのような状態だった。

そういった好景気の雰囲気に感化されてなのか、平子さんが配属された部署には横柄な態度をとる社員が多かった。部署内では業績成績が部署内の序列となり、下の者が上の者に意見するのは許されなかった。

「おい、新人。お前は気がきかねぇなあ。茶の一杯くらい淹《い》れてこいよ」

平子さんが初出勤した日、顔合わせも早々に上司から言われたのは、この一言だった。

業績序列の最上位に位置するのは、この上司であり、彼の命令は絶対であった。

給湯室の場所もまだ知らされてはいない平子さんは戸惑ったのだが、その狼狽《うろた》えた様子が上司の目にとまると、さらに怒声が飛んだ。他の社員に尋ねようとしても、我関せずといった態度であり、平子さんは涙目になりながら、ようやく見つけた給湯室に駆け込んだ。

「早くしろよ。茶の一杯にどれだけ待たせるつもりだ？」

不機嫌な上司の声と、周囲にいる社員の乾いた笑い声が聞こえ、平子さんは頭が真っ白になった。パニックになりながらも、お茶を淹れる道具を探し、流し台の収納を開けたのだが、何もない。どうしたらいい、と手が止まった。

「給湯器の上にある棚よ。そこにあるわ」

背後で女性の声がした。平子さんは咄嗟《とっさ》に立ち上がり、声に従い給湯器の上にある棚を開けた。すると、そこには丸盆に乗った茶器セットと茶筒があり、それを手に取ると平子さんは後ろを振り返って声の主に礼を言おうとした。しかし、そこには人の姿は見当たらず、給湯室には平子さん以外に誰もいなかった。

上司にお茶を差し出し、他の社員にも挨拶がてらに茶を淹れて回ると、平子さんはこの部署に女性社員が自分以外にいないということに気が付いた。給湯室で自分にお茶の場所を教えてくれたのは、いったい誰だったのだろう。平子さんは不思議に思ったが、他の部署の人かもしれないとあまり深くは考えないようにした。

それから平子さんは毎朝、部署の社員全員分のお茶を淹れて回るのが日課になった。

「コーヒー、ありありで」

平子さんがお茶の要望を聞くと、ある男性社員はそう呟《つぶや》いた。ありありとは、どういうことだろうか。乱暴にマグカップを押し付けてきた男性社員に聞き返そうとしたが、忙しそうに電話をかけ始めた相手に、それはできなかった。

平子さんは給湯室に行き、お湯を沸かしながら悩んだ。すると、再び背後で女性の声がした。

「ミルクと砂糖を入れるのよ」

はっとして、平子さんは周囲を見渡したが、やはり給湯室には自分以外誰もいなかった。声の通りにミルクと砂糖入りのコーヒーを作っていくと、男性社員は満足そうにコーヒーをすすった。

この一件から、平子さんは給湯室の声を度々聞くようになった。仕事でわからないことができると、平子さんは給湯室に行き、悩み事を頭の中で呟いた。すると、どこからか女性の声が聞こえ、解決方法やアドバイスをくれた。

不可思議な出来事だが、何度も経験すると平子さんも慣れてしまい、次第に姿の見えない先輩として、給湯室の声を敬《うやま》うようになっていった。

平子さんが入社して一年が過ぎた頃、会社の飲み会で彼女は嫌味な上司にセクハラを受けた。

上司の酒癖は悪く、平子さんは近寄らないようにしていたのだが、その日の宴会は運が悪いことに上司のすぐ隣の席に座らされてしまった。最初はお酌とつまらない自慢話を聞かされるだけであったのだが、酒が回ると、上司は次第に平子さんの体を触るようになった。

平子さんは周囲の社員に助けを求めたが、上司を止めるような人はおらず、むしろ、平子さんの嫌がる素振りを楽しんで、はやし立てるような状態だった。

耐えきれず、平子さんは宴会場を飛び出し、自宅に帰った。平子さんは酷く落ち込んで、この出来事を引きずったのだが、加害者の上司はというと悪びれた様子もなく、出社してきた平子さんを呼び出すと、飲み会の席を途中で抜け出すのはマナー違反だと説教を始めた。平子さんは無言でそれに耐えた。

「まったく、お前は何度言っても駄目だな。親御さんはどんな教育をしてきたんだか」

説教をして喉が渇いたから茶を持ってこいと、上司に押し付けられた湯飲みを持って、給湯室に入ると、平子さんは堪《こら》え切れなくなって声を押し殺して泣いた。

ふわりと、甘い花のような匂いがした。平子さんの背後に温かな人の気配を感じた。

「上の棚の右端に、袋に入った茶葉があるわ。それを使うといいわ」

平子さんの嗚咽《おえつ》に女の声が混ざった。平子さんは無自覚のうちに棚を開き、茶葉を手に取っていた。袋を開け、茶葉を急須に入れると、平子さんはお湯を入れた。

少し変わった臭いがするなとは思ったが、彼女はそのまま上司の湯飲みにお茶を淹れた。ハンカチで顔を拭《ふ》いて、オフィスへ戻ると平子さんは上司にお茶を出した。上司が湯飲みを手に取り、口をつけた時だった。

彼は大きく咳き込み、胸を押さえると椅子から転げ落ちて倒れ込んだ。辺りは騒然とし、上司は駆け付けた救急車に乗せられ、搬送されていった。

青ざめた平子さんは給湯室に駆け込み、先程自分が淹れた茶葉の袋を覗き込んだ。すると、茶葉の底に札のような細長い紙が敷かれているのが見えた。

取り出してみると、紙には赤黒い、血文字で梵字《ぼんじ》が書き込まれていた。

「解決したでしょう?」

ぞっとするような冷たい女の声が背後から聞こえた。

何年経っても、あの声を忘れることができない。平子さんはそう言って俯《うつむ》いた。

# 鈴がささやく

鷲羽大介

仙台の北にある大崎市在住のハルコさんは、よく不思議な体験をする。

中学生のころ、退屈な授業中に何気なく机の中へ手を入れたら、誰かに手をつかまれた。

出産のため入院中、ベッドに横たわっていると、下から右手ばかり五本出てきて足をつかまれた。

夜行バスに乗っていたとき、上を向いたら天井に見知らぬ男の顔が貼り付いていた。

温泉旅館に泊まって、先に眠ってしまった夫の寝顔を眺めていたら、耳から黒いトカゲが這い出してきて、ちょろちょろと走ってどこかへ消えた。

そういうときは、いつも決まってかすかな耳鳴りがするのだという。

耳の奥で、小さな鈴がしゃんしゃんと鳴るような音がし始めると、ハルコさんの身に何か起こるのだそうだ。

そんなハルコさんから、ＬＩＮＥで連絡が来た。

五分ほど前から、ものすごい鈴の音が鳴り始めて、他の音が全然聞こえないんです。どうしたらいいんでしょうか。

私は、「落ち着いてください、いまどこですか」と返信したが、メッセージは既読にならなかった。

一ヶ月経ったが、メッセージはまだ既読にならない。

# 山田の家

鷲羽大介

東日本大震災の津波で被害を受け、再整備を済ませた土地では、元はどこに何があったのかわからなくなってしまった、という人も多い。去る者は日々に疎《うと》しと昔から言うが、町もそういうものなのだろう。

いまは仙台市内に住んでいる、カツシゲさんの地元もそうだった。

カツシゲさんの実家は流され、両親は亡くなり、近所に住んでいた知人たちも、何人も亡くなったという。

いまはすっかり更地になり、盛り土で地形自体も変わってしまって、昔の面影はまったくない。

震災から一一周年の日、墓参りを済ませたカツシゲさんは、久しぶりに連絡をとった中学時代の友人たちと、かつての故郷をともに歩いてみた。

「この辺がカツシゲの家だったよな」

「そうそう、よく遊びに来てファミコンやってたよな」

カツシゲさんも「違うぞ、うちにあったのはファミコンじゃなくてセガだぞ」なんて話していたが、仲間たちがおかしなことを言い始めた。

「それで、隣が山田の家だったよな」

「山田ん家にもよく遊びに来たな。あいつも面白い男だったよ」

「お姉さんが美人でな、俺は好きだったなあ」

「あいつも津波で死んだんだよな。人間なんてはかないものだよなあ」

カツシゲさんは、山田なんて人のことは知らない。隣の家は、カツシゲさんが生まれたころからずっと誰もいない廃屋で、中学のころには取り壊されたはずなのだ。


あいつら、どこの誰と間違ってるのか知りませんけど、いかにも懐かしそうな顔してたから、「山田って誰だ」なんて言い出せませんでしたよ。

隣の廃屋が取り壊されたあと、ちっちゃいお社《やしろ》だけ残ってたそうだけど、まさかいまどき狐に化かされたってことでもないですよね。


そう語るカツシゲさんは、友だちの話の輪に入れなかったせいか、ちょっぴり寂しそうだった。

なお、ここでいう「山田」というのは仮名である。実際に語られていたのはかなり珍しい、地域などの特定が容易な名字だったので、実在する人に万が一にも迷惑がかからないよう、私の判断で伏せた。

# 鹿のいる町

鷲羽大介

宮城県南部在住のハルキさんは、「幽霊も妖怪も出でこねえ話だげんと、いいがい？」と前置きして、語ってくれた。

やや遠い、県北東部の港町に住んでいた、甥の死にまつわる話である。

可愛い童《わらし》だったんだ。俺の妹が生んだひとり息子のユウイチはね。ちっちゃい頃はよく「おんちゃん、ハルキおんちゃん」って俺さ甘えできたもんだった。よくお菓子だのおもちゃだの買ってやったよ。妹がらは「兄ちゃん、あんまりユウイチば甘やかさねえでけろ」って言われだもんだったな。

そのユウイチが死んだのは、震災の前の年だったのさ。

まだ一七歳の、高校生だったんだげんとな。

夏休みに、友だち三人と漁港の堤防がら海さ飛び込んで、遊んでだったのよ。すたら、そごさモーターボートが突っ込んできてや。

地元の漁師だったら、そごで子どもらがよぐ遊んでんの知ってっから、通るどぎはスピード落どすんだげんと、その船は全然減速すねえで、突っ込んできたっつうんだな。そいづのボートはユウイチばスクリューさ巻き込んで、そのまんまどっか行っちまったの。見る見るうぢに海面が真っ赤になって、慌でで友だちが海さ飛び込んだんだげんと、ユウイチはもう海の底さ沈んですまって、とても引ぎ揚げらんねがったんだってよ。

ユウイチくんの遺体が、警察のダイバーによって引き揚げられたのは、通報から数時間後のことだったそうだ。

片脚が膝の少し上あたりでちぎれて、切断面はめちゃくちゃになっていた。血液がすっかり抜けて、遺体は蝋細工《ろうざいく》のように真っ白だったという。

いや、家族がユウイチの遺体さ対面でぎだのも、何日か後のごどなんだげどもね。警察で解剖されでだがらな。

それがらが大変だったのっしゃ。相手の船が、ナマコの密漁やってるヤクザだったのよ。しかもそいづ、漁業権どごろが船の免許も持ってねくて、そのうえ酒まで飲んでたっつうんだがらな。

まんずまんず、揉めだなんつうもんでねがったな。妹も旦那も、ホント苦労すたってよ。

そういえば私も、サカナをシノギにするヤクザのことは、本で読んだこともあるし、噂話に聞いたこともある。とくにナマコは、干したものが中国では高級食材として珍重されることもあって、高値で取引されているそうだ。

ハルキさんは、ナマコなんてどごがうまいのか俺にはさっぱりわがんねえ、と毒づきつつ、ユウイチくんの死にまつわる話を続ける。


ユウイチが警察がら帰ってきたのはいいげど、お寺の都合で葬式がしばらく挙げらんねがったっつうんだね。お骨にするごどもできねえで、一週間ぐらい家に置いでだのがな。夏だったもんで、お棺さドライアイスばいっぱい詰めで、ユウイチの身体はカチコチに凍ってだっつうがら、まんず可哀想だったな。

ほんで、ようやぐ「明日に葬式やっから」と決まって、親戚連中さ連絡すてな。遠ぐの爺さんだの婆さんだのもみんな集まってきてよ。

俺も、妹の家まで車で行ったのよ。海岸沿いの山道で、天気がよくてな。夏だから日差しがすごかったのを覚えでるよ。

したっけ、曲がりくねった道路の上の、生い茂った木がちょっと薄くなってるあだりさ、何頭かの鹿の群れがいたんだよ。その中に、大きい白い鹿が一頭いたんだ。

まだ若い、角の短いやつだった。

そいつが、俺のほうをじっと見てだんだよ。

あの辺には鹿なんかなんぼでもいるんだげんと、白い鹿なんてそれまで一回も見たごどねがったな。妹の家さ着いで、「白い鹿がいたぞ」って話をすると、他の親戚も「俺も見た」「私も見た」って言うんだよ。

妹も言ってだな、それはきっとユウイチがお別れば言いに来たんだ、ってな。

綺麗な鹿だったな。全身真っ白でなあ。

ま、それだげの話なんだげっとね。葬式は何事もなく終わって、次の年に震災があってさ。ユウイチが防波堤から飛び込んでだ漁港も、もうどごさ何あったのがさっぱりわがんねぐなっつまったなあ。


ハルキさんが語ってくれた、この話の舞台は、宮城県北東部に位置する牡鹿町《おしかちょう》である。町名を出してしまうと、やや舞台装置が出来すぎかなという気がして、書くかどうか迷ったが、ハルキさんの強い希望によりここに記すことにする。

なお、ユウイチくんを死なせたヤクザは、まだどこかの刑務所に入っているそうだ。

# 婆ちゃんの呪文

鶴乃大助

「俺、忘れもしない呪文があるんだよね」

そう語るハルオさんは、中学二年まで仙台市に住んでいた。

当時、ハルオさんは高校生のスズキ先輩というバイク好きに可愛がられ、バイクの後ろに乗せて貰っては、色々な所に走りに行っていた。

「ハルオ、今日ウチに泊まるか？」

ある日、いつものように遊んでいると、スズキ先輩から誘いを受けた。

兄貴のように慕《した》う先輩からの誘いに、ハルオさんは二つ返事で答えた。

スズキ先輩の家は市街地にあり、近代的な建物が立ち並ぶ中で、そこだけ時が止まっているかの様に建つ古い平屋だった。

そこに先輩が『婆ちゃん』と呼ぶ、親代わりの祖母と二人で暮らしていた。

「こんちは」

「あーこんにちは。見ない顔だね」

「こいつハルオ。婆ちゃん今日こいつ泊まっていくから、頼むよ」

「あいよ」

七十は過ぎているであろう小柄な婆ちゃんが笑顔で迎えてくれた。

夕食をご馳走になった後、居間でテレビを見ていると、先輩がコタツで寝転びながら、妙なことを言いだした。

「なあ、ハルオ。ウチちょっと余所の家と違ってな、夜に変なモノ出てくるからよ」

「お前ちゃんと教えてなかったのかい」

「なんですか？　変なモノって」

「まあ、幽霊とか化け物とか」

「え？　それ、やばくないっすか！」

「ちゃんと教えてやりなさい」

婆ちゃんの一声で、先輩が面倒くさそうに起き上がって言う。

「いいか、この呪文を何かあったら言うんだぞ、ワ・ノ・ラ・グ・フ・ナ・ジ・ャ・リ」

「え？　ワ、ワノ……ナ？　聞いても憶えられないから、先輩、書いて下さいよ！」

「しょうがねえなぁ」

先輩が何かの裏紙にペンで呪文を書いて、ハルオさんに渡す。

突然の〈幽霊出る〉宣言に渡されたメモを不安そうに見るハルオさんに、婆ちゃんが語りかけた。

「この呪文はな、絶対に効くから、ちゃんと憶えて、何か見たら何回でも唱えなさい」

婆ちゃんは居間の片隅にある祭壇に向かうと、正面にちょこんと座る。

そして両手に収まる大きさの石の笛を吹き、手を合わせて何やら拝みだした。

数分後、婆ちゃんは拝み終えるとハルオさんの肩を軽く叩き、何事もなかったかのように再びテレビを見始めた。

「婆ちゃんが拝んでくれたから大丈夫だぞ」

何が大丈夫か判《わか》らぬハルオさんは頷《うなず》き、呪文が書かれたメモをしばらく眺め、ポケットに突っ込んだ。


深夜まで馬鹿話に花を咲かせた二人が、床に就いたのは二時過ぎ。

和室に先輩とハルオさんは布団を敷いて並んで寝た。

ハルオさんは、先輩と婆ちゃんの、あの話を思い出して眠れなくなる。

隣では先輩が既に寝息を立て、寝ている。

しばらく眠れずに寝返りを繰り返し、丁度仰向けになった時だった。

ドン！　ダン！　ガシャーン！　ドン！　ドン！

凄まじい音がガラス戸を挟んだ隣の台所から聞こえてくる。

（な、なんだ！）

先輩を起こそうとするが、声が出ない、おまけに体も動かない。

かろうじて目だけは動かすことができる。

隣で寝ている先輩を見ると、寝息はいびきになり熟睡している。

しかも、これだけ大きな音がしているのに、婆ちゃんも起きてこない。

その間も音は止むことなく、むしろ酷くなる一方だ。まるで誰かが台所で暴れて破壊しまくっているようだ。

（やべえよ。どうしよう……）

恐怖と不安で心臓が爆発しそうなハルオさんは、唯一動かせる目で、常夜灯が照らす薄暗い部屋の中を見渡した。

すると、床の間に信じられないモノがいた。

赤ん坊だった。

赤ん坊が床の間の掛け軸の前で宙に浮いている。

恐ろしくなり目をそらすと、今度は部屋中に無数の老若男女の顔が現れ、ハルオさんを睨《にら》みつけている。目を閉じて見ないようにする。

（そうだ！　あの呪文だ！）

心の中で、あの呪文を必死になって思い出して、何度も唱え始めた。

（ワ・ワノ・なんだっけ？　ワノラグフナジャリ！　ワノラグフナジャリ、ワノラグ……）

急に体が楽になり、金縛りが解けた。

そして、恐る恐る目を開けて部屋を見渡すと、赤ん坊も無数の顔もいなくなり、台所の音もピタリと止んだ。

安堵すると同時に、どっと疲れが襲ってきて、ようやく眠りに就くことができた。


翌朝、先輩に夜の出来事を話す。

「やっぱり出たな、でも呪文、効いただろう？」

「は、はい効きました。あと台所片付けないと大変なことになってると……」

先輩は笑って台所のガラス戸を開けると、台所には皿一枚落ちていなかった。

「おはよう。夕べは大変だったようだね」

台所に来た婆ちゃんは、全てを知っているかのようだった。

「おはようございます。呪文でなんとかなりました」

「呪文、忘れないで憶えておきなさい。これからも必ず役に立つからな」

婆ちゃんは朝食の支度をしながらハルオさんに言った。

その後、ハルオさんは何度か霊体験をしている。

必ず、ワノラグフナジャリを唱えて、難を乗り越えてきた。

ワノラグフナジャリの意味も、先輩の婆ちゃんが何者だったのかも不明のままだが、あの日の事を思い出すと、ある記憶が蘇るという。

ハルオさんが子どもの頃、父方の青森の祖母の家に行くと目にした光景である。

それは先輩の婆ちゃんと同じく祭壇の前で、石笛《いわぶえ》を吹く祖母の姿だ。

ハルオさんの祖母は、津軽でカミサマと呼ばれる巫者《ふしゃ》であった――。

# 奥羽異譚・宮城県

かつて、東北には口寄せ巫女《みこ》と呼ばれる盲目のシャーマンが存在した。彼女らは「口寄せ」によって魂を憑依させ、死者の言葉を伝える。青森のイタコはとりわけ有名だが、宮城にもイタコ同様「オカミサマ」が昭和中期までいたとされている。

そのオカミサマが戦後最大級の事件を予言していた――と言ったら、あなたは信じるだろうか。昭和六十年発刊『口寄せ巫女の「オカミサマ」』（郷右近忠男／東京経済）には、宮城県利府町《りふちょう》に住んでいたオカミサマ・鈴木すてよの「世にも奇妙な口寄せ」が、実妹の証言として載っている。以下に、その概要を紹介したい。

《あるとき、鈴木家へ「下山事件の口寄せをおこなってほしい」との手紙が届いた。父いわく「差出人は偽名だが軍隊時代の知りあいで、天皇陛下の次に偉い人」だという。さっそく父は知人の千葉富次郎氏（のちの利府町長）を同席させ、口寄せを敢行した。すると、すてよは以下のように「死者の言葉」を語ったのである。

「小用を足そうと物陰に入ったところを捕まり、三日後に絞め殺された。それから車で運ばれ、レールへ俯《うつぶ》せに置かれた。夜の一時七分ごろだ。手を下したのは日本人だが、主犯は海の向こうの人間だから迷宮入りするだろう。こんな目に遭ったが、国のために、国鉄のために難を背負ったのだから悔いはない」すてよはそのように答え、さらに「これだけでは終わらない。さらなる大事件が、近いうちに北の国で起こる」と告げたのである》

下山事件は、昭和二十四年七月に当時の国鉄総裁・下山定則が行方不明となり、翌日に轢《れき》死体で発見された事件である。自殺やGHQの犯行など諸説が噂されたが、犯人も目的も不明のまま時効を迎えている。それからひと月後、福島県の東北本線でレールが故意にはずされ電車が脱線、死者三名を出す「松川事件」が発生した。

「北の国で起こる大事件」とは、この松川事件ではないのか。むろん綴られている内容が事実かは判らない。しかし戦後の一時期、東北の口寄せ巫女が「ある筋」もすがるほどの存在であった事実は興味深い。手紙は千葉氏の判断で焼却処分されてしまったという。貴重な証拠の消失は、かえすがえすも残念でならない。

オカミサマの目には、いったいどんな光景が視えていたのだろうか。

秋田県

# 時をかけるアイス

鷲羽大介

夏場の秋田県には、ババヘラと呼ばれるアイスクリームの露天販売がある。主に中高年の女性が、街道沿いにビーチパラソルを立てて、保冷缶におさめたアイスをヘラですくい取り、コーンに盛り付けて売るのである。農閑期の副業として始まったもので、販売員は頬《ほお》かむりに長袖シャツという農作業スタイルだ。イベント会場に出店されるときなどは、女子高校生がバイトでやることもある。そんなときは「ギャルヘラ」と呼ばれるそうだ。

なにやら不穏な響きを感じなくもないが、それはさておき、アイスはいちご味をイメージしたピンク色とバナナ味をイメージした黄色の二層に分かれているのを、チューリップの花のように盛り付ける。熟練した人がやると、バラの花のように美しくできるそうだ。味はいたって素朴なものである。いまどきのアイスによくある、濃厚なクリーム感やフレッシュなフルーツフレーバーといったものとは一線を画す、しゃりっとした口当たりとほのかな香りを楽しむものと考えるべきであろう。

そんなババヘラの販売員を、コロナ前にしばらくやっていたという、エツコさんからこんな話を聞いた。なお、エツコさんは太平洋側出身の私に気を使って、秋田の方言をかなり抑《おさ》え、綺麗な標準語で話してくれたことを、念のために記しておく。


早朝から日没まで、路上で腰掛けてアイスを売っていると、目の前を通る車以外には変化するものがないので、そちらばかり見てしまうんです。

そうすると、あれ、って思うことがあるんですよ。

いま通った車、さっき通ったのと同じだなって。いや、車種が同じってことじゃないですよ。同じ人が乗った同じ車が、さっき通り過ぎたのにまた来るんですよ。

もちろん、確かめようがないことですけど。防犯カメラ持たされてるわけでもないし、だからどうしたってこともないんです。おかしいとしたら多分こっちなんですよ。デジャビュっていうやつなのかもしれません。でも、そんなことが一シーズンに一回ぐらいはあるんですよね。


エツコさんの話は、それだけである。私の「何か不思議な体験とかないですか」という不躾《ぶしつけ》な問いに、精一杯答えてくれたのだった。

さて、こちらは別の人から聞いた話である。

シンヤさんは産業機械のサービスマンとして、出張の多い生活をしている。

そんな彼が、秋田県の海岸道路を通ったときの話である。

あの辺の海岸道路って、行っても行っても景色があんまり変わらなくて、どこ走ってるのかわかんなくなってくるんすよね。

道端に、パラソル立ててアイス売ってるおばちゃんがいるじゃないすか。

みんな同じ格好してるんですけど、たまに「あれ？」って思うことあるんすよ。

あのおばちゃん、さっきもいたなって。

いや、ドライブレコーダー見たってそこまで細かくわかんないし、本気で確かめたくなるような感じじゃないっすよ。ただ、何か感じるんすよ。幽霊とか生霊《いきりょう》とか、ドッペルゲンガーとかそういうんじゃなくて。デジャビュかもしれないんだけど、時空が歪《ゆが》む感じというか。

そういうのがね、だいたい年に一回ぐらいあるんすよ。

シンヤさんとエツコさんがどこかで遭遇しているかどうか、調べてみたい気持ちはあったが、どちらもくわしい日付を覚えていなかった。

俺も一度はババヘラアイス食ってみたいっすね、とシンヤさんは言った。

過剰な期待は禁物ですよと言いかけて、やめておいた。

# やさしいなまはげ

月の砂漠

来訪神をモチーフにした伝統行事を持つ地方は多い。代表的なのは、やはり秋田のなまはげだろう。

「子どもの頃は、なまはげを信じて本気で怖がっている同級生もたくさんいました。でも、私は違った。なぜって、私の親父が、なまはげだったんですから」

そう言って笑ったのは、秋田県男鹿《おが》市の某町出身だというSさんである。

「うちの親父は地元の青年会の役員だったので、毎年、なまはげ役の一人でした。だから、うちの倉庫には、鬼の面とか、はりぼてのナタとか、藁《わら》の腰巻きとか、なまはげグッズが揃っていましたよ」

Sさんは愉快そうに語る。ところが、

「でもねぇ。一度だけ、不思議な光景を目にしたことがあるんですよ」

急に真顔になって、こんな話を聞かせてくれた。

ある年の大晦日の晩。Sさんは、熱を出してしまい、早めに床に就いた。日頃から、身体が弱く、すぐに風邪を引く子どもだったという。

真夜中、ふと目が覚めた。トイレに立とうと思ったが、熱と眠気で頭がぼんやりとして、思うように体を起こせない。

寝返りを打ってドアの方に体を向けた時、部屋の片隅に人影が見えたので、目をこらしてみた。

「そうしたら、そこに立っていたんです。なまはげが」

なまはげは微動だにせず、無言のまま、じっとSさんのことを見つめていたという。

「はじめは、親父が仕事を終えて帰ってきたのだと思いました。ですが」

Sさんは違和感を覚えた。

「親父は小柄でした。でも、そのなまはげは、天井に頭が付くくらい大きかった。それに、親父が変装したなまはげなら、顔が真っ赤で恐ろしい形相のはずなんですが、そのなまはげは、金色で、とてもやさしい顔で微笑《ほほえ》んでいたんです」

Sさんは、しばらくの間、なまはげと見つめ合っていた。不思議と、怖さはまったく感じなかったという。

「その後、すーっと記憶が飛んでいるんです。気が付いたら翌朝になっていて、部屋には私一人でした」

Sさんがリビングに行くと、父親がそこにいた。

Sさんは父親に、ゆうべ何時頃帰ってきたのかを尋ねた。

「帰ってないと言うんです。青年会で夜通し忘年会をしていて、ついさっき朝帰りしたと」

Sさんがあの時のなまはげを見たのはそれ一度きりだ。

「不思議なことに、それから、私は風邪を引かなくなったんです。あんなに体の弱い子どもだったのに。ですから、今でも、あれは本物だったと思っているんです」

# 宴の夜に

鶴乃大助

今から十五年ほど前、会社員の伊藤さんが秋田県北西部にある男鹿半島を会社のバス旅行で訪れた時の体験。

伊藤さんたちは宴会を終え、若者だけの二次会を開くことにした。

会場はホテルから五分ほど歩いた砂浜。

「カンパーイ!」

男女十人ほどの若手社員たちは、酒が詰まったクーラーボックスを囲んで、月下の宴を始める。夜風が気持ちよく、皆が二本目のビールに手を付け始めた頃だった。

伊藤さんは、メンバーの中でも一番のお調子者の村井君の様子がおかしいことに気づく。

さっきまで、はしゃいでいた村井君がじっと海を見ている。

もう一人、村井君の異変に気づき、黙って様子を見ている女の子がいた。

村井君と仲のいい恵美ちゃんだった。

他のメンバーは誰も気づかず、宴を楽しんでいる。

すると、村井君と同期の悪友、柴田君が村井君の肩に手をまわし絡《から》み出した。

「おい村井！　飲めよ。どしたんだよ！　ほらビール！」

村井君の顔の前に自分の飲みかけのビールを突き出す。

「いるんだよ」

村井君がボソッと海を見つめながら話す。

「え？　なに？　何がいるんだよ」

「変なのが海にいる」

「変なの？　なに？　幽霊？」

柴田君が馬鹿にしたように言いながら海へと向かう。

「おーい！　幽霊さんよ！　来てみろよハハハハハハ」

「キャー何？　幽霊？　やだー」

ふざける柴田君を見て女の子たちが笑って騒ぐ。

「柴田！　やめろ！　マジだぞ！」

「おまえ、俺たちをビビらせようとしてるんだろ？」

「それ以上、海に近づくな柴田！」

村井君の言うことを聞かず、ビール片手に海に入っていく柴田君。

「やめろ！　柴田！　戻ってこい！」

次の瞬間、伊藤さんは何かが海から向かってくるのを感じた。

「やべえ！　みんな逃げろ！」

「え！　なに？　なに？」

「いいから逃げろ！」

村井君の凄まじい剣幕に驚いた一同は、飲んでいた缶ビールやらを投げて、ホテルへと続く坂道を走り出した。

伊藤さんは隣にいた女の子を連れて走り、坂の途中まで駆け上がると、逃げ遅れた仲間がいないか足を止めて振り返った。

すると柴田君が坂を上ってきて、伊藤さん達に見向きもせずに走り去る。

続いて伊藤さんの視界に入ったのは、カーブの膨《ふく》らみを照らす外灯の下に立つ黒い人影だった。

（誰だろう？　他のヤツを待ってるのかな？）

「俺に近づくな！　いいから逃げろ！」

大声とともに、クーラーボックスを抱えながらフラフラと歩く村井君が現れた。横には心配そうな表情の恵美ちゃんの姿もある。

伊藤さんは、その時おかしなことに気がついた。外灯の明かりで村井君も恵美ちゃんもハッキリと姿が見えているのに、人影は黒いままだということに。

（あれは人じゃない……）

一緒にいた女の子も、それに気づいたのか、声も出さずに震え出す。

伊藤さんは恵美ちゃんと彼女を先に逃がし、村井君のもとに近づく。

「村井！　クーラーボックス捨てろよ！」

「逃げて！　俺にかまわないで、伊藤さんも逃げて！」

まるで、村井君の持つクーラーボックスは、鉄の塊《かたまり》のように重そうだ。

フラフラと歩く彼の苦しそうな息づかいだけが、暗い坂道に響く。

すると、誰かがバタバタと足音を立て、凄い勢いで坂道を降りてきた。

振り向くと足音の主は、恵美ちゃんだった。

「いい加減に消えろ！」

恵美ちゃんは村井君の前まで近づくと何かを投げつけた。その瞬間、村井君はクーラーボックスから手を離し地面に座り込み、騒ぎは幕を閉じた。

「最初、奴らは海から羨《うらや》ましそうに俺たちの様子を見ていたんですよ」

落ち着きを取り戻した村井君が語るには、海の中に無数の男女が見えていたそうだ。

「でも、柴田が挑発したら、奴ら一気に襲ってきて……」

村井君は皆を逃がし、借り物のクーラーボックスは置いていけないと手を掛けた瞬間、奴らがクーラーボックスにしがみつき、なぜか手が離れなくなったという。

「奴ら、酒が欲しかったんですかね……」

最後まで手放さなかったクーラーボックスで、真っ赤になった掌《てのひら》を見つめながら村井君がつぶやく。

「ところで恵美ちゃん、何を投げたの？」

伊藤さんが柴田君の隣に座る恵美ちゃんに聞く。

「塩です！　ホテルからもらいました。やっぱ効くんですねー」

最初からすべてが見えていた、という恵美ちゃんが明るく答えた。

# 空き家のこと

高田公太

小松紗奈は仕事の関係で大館《おおだて》市から弘前《ひろさき》市へ移住してきた。

彼女は故郷のことを「人の気配がまったくしない瞬間のあるところ」と言う。

大館市の実家は小中高校と、どの学校もほどほどに遠く、市街地へ行くのも自転車で三十分はかかった。

彼女はそれを当たり前のことだと思って子供時代を過ごし、大人になってから、やっと自分は健脚の持ち主だと気がついたそうだ。

小学校は山の方にあった。

道中の風景はほとんど林が占めていて、時々住居と庭が目に入る。

真っ直ぐな道は少なく、ほとんどが緩《ゆる》いカーブを描いているか、アップダウンの激しい坂道だった。大きな空には、夜になると満天の星空が広がる。

小学校に続く道のりの途中に一軒の空き家があった。登校時は道中に学童仲間の気配を感じていたせいか、その家の存在がまったく気にならない。しかし、下校でその家の横を通り過ぎる折にはいつも早く遠ざかりたい気持ちにさせられた。

それは木板が出鱈目《でたらめ》に打ち付けられた掘立て小屋で、初めて空き家を見た時は、ここに住んだ人はどんな気分で毎日を送るのだろうかと物思いにふけったものだ。

母からはかつてそこに「気がふれた婆さんが一人で住んでいた」ことを聞いていた。婆さんが全裸のままスーパーまで赴いて駐車場で大小便を済ませたり、空を舞うカラスに大声で話しかけたりするのが、近辺のそこかしこで見られた時期があったのだという。

母は平然とその話を聞かせ、彼女は恐怖と悲しみが入り混じったような気分になった。

そんな話をされても、老婆から逃げることも助けることもできない。こうして彼女の空き家に対する思いは黒く濁った。

そういうわけで、彼女はその空き家に怯《おび》えていたのである。

逃げなきゃ。

通常は早歩きで。濃い夕闇が落ちた日には全速力で空き家の横を駆け抜けた。


小学五年生時の肌寒さが沁《し》みる秋のことだった。

空き家の横に桃色のランドセルを背負った女の子が立っていた。

小さな学校の見知った後輩、椹木美智子がさも興味津々といった様子で空き家を見ていたのだ。

　五年間の小学校生活の中で、空き家近くに立ち止まる他人を見るのは初めてだった。

　普段なら空恐ろしい空き家がその時ばかりは平気に思えた。

「みっちゃん。何してるの」

　彼女に駆け寄り、明るく声を掛けた。

「ああ、さなちゃん。お婆ちゃんがここで待っててって言うの」

「お婆ちゃん？　みっちゃんのお婆ちゃん？」

「ううん。違うお婆ちゃん。あはは。さなちゃん、変なの！　わたしのお婆ちゃんはあんな格好してないよお」

「あんな格好？」

「裸んぼ！」

　無邪気な声音《こわね》が一層に紗奈を驚かせた。

　毎日のように同じ道で通学を続け、五年生になってさえも「気がふれた婆さん」のイメージは彼女を慄《おのの》かせていた。しかし、イメージだけなら自分だけの問題で済むものの、こうやって他者の口からその存在を描写されてしまえば。

　まるで――。

いるみたいじゃないか――。

「みっちゃん、ここは危ないからダメ！」

紗奈は美智子の手を引いて、その場を立ち去ろうとした。

しかし、美智子は頑《かたく》なに足を動かそうとしない。

「お婆ちゃんが！　お婆ちゃんが！　ここにいろって言うから！」

「ダメだよ！　ここには誰もいないよ！」

「いるもん！」

強く手を引っ張ると、美智子は泣きそうになりながら身体を捩《よじ》り振り解こうとする。

いっそ自分だけこの場から逃げ出そうかとも思ったが、そうしてしまえば尚のこと良くないことになりそうだ。年長者の風格を漂《ただよ》わせながら空き家に入って、何もなかったよ、などと超然とした言葉を投げ掛けでもすればいいのだろうが、実際そんな芸当は到底できるはずもない。

気のせいか、少しだけ辺りが暗くなったように感じられた。

「お婆ちゃん、遅い」

槵木美智子は紗奈の一連の振る舞いがまるでなかったかのように、顔を空き家に向けてそう言った。

空き家のガラス戸は経年ですっかり煤《すす》けていた。一見して奥に誰かがいる様子はない。

紗奈はふと先ほどまでの及び腰がどこかへ去っていくのを感じた。

「ほんとだ……お婆ちゃん、遅いね。あたし、中を見てくる。みっちゃんは……ここで待ってて」

なぜそんなことを言ってしまったのかは、この時も、今もよくわからない。

当たり前のようにそう言ったのだ。老婆がなぜ戻ってこないのだろうかと、ごく自然にそう思ったから言ったのだ。

そしてここから先、紗奈さんの記憶はまるで半分夢の中にいたような、随分と朧《おぼろ》げなものになる。

ガラス戸はがらがらと音を立てて、すんなりと開き、すぐ目の前に六畳ほどの畳の間が広がっていた。

窓はなかったが、開いたままの玄関戸からの光で室内は一望できた。

小さな段ボール箱が幾つか部屋の真ん中に置いてあり、箱の一つが横向きに倒れている。

たくさんの小さな折り鶴が倒れた箱からこぼれている。

奥の壁に木製のドアがあり、おそらくはそこがトイレなのだろうと思った。

そこから先、空き家内の記憶はない。

「はい、みっちゃん。これはお婆ちゃんから」

そう言って、空き家の前で折り鶴を渡した。

「うん。さなちゃん、ありがとう」

二人は帰路が分かれる地点で手を振って、それぞれの家路に就いた。

紗奈は折り鶴を摘《つま》んだまま歩いて実家に戻り、居間に入るなり嘔吐した。

美智子とはその後も学校で顔を合わせたが、特に空き家のことを話し合ったことはなかった。結局、小学校を卒業するまで、空き家の前を通って通学した。

折り鶴はどういうわけか今も実家の靴箱の上に飾ってある。

——故郷のあの空き家と椹木美智子のことを、久しぶりに思い出しました。

言いながら、小松紗奈は少しだけ目を上に向けたのだった。

# 鹿角市に住むある青年の話

高田公太

コロナ禍の深夜、秋田市内のドライブをひとりで楽しんでいた。

飲食店は早いうちから閉まるおかげで、道も空いている。青年はさらなる静けさを求めて山中道路に入った。

昼間に何度か走ったことがある程度の道が、夜にまったく貌《かたち》を変えていることはままある。それが山の中ともなると、ことさらに貌が違う。

しかし、ここまで違うことがあるだろうか。

まず、しっかり随所にあったはずのガードレールが皆無だ。

舗装こそされてあれ、これまたあったはずの中央線がない。

カーブミラーもしかり。

この変化に気づいた時には、既にかなり上の方まで走っていた。

当初の計画はこのまま峠を越えていくつもりだった。しかし、道の状態がこの調子では、夜道を走るのに身の危険を感じる。また、いくら徐行をしていようと、対向車がどれだけ安全に気を遣ってくれているかは知る由もない。

路肩に車を止め、明るくなるのを待った。

待っている間、スマホで何枚かの写真を撮り、友人に送った。

『見てよこの道。これじゃ帰れない。詰んだ。いつの間にこんななっちゃったの？　工事してんの？』

友人からの返信。

『お前、それどこｗｗ　やべーど田舎ｗｗｗ』

『お前も知ってるだろ。あの山ん中っすけどｗｗｗ』

『違う違う。あそこもっとちゃんとしてるわ。嘘つけｗｗｗ』

こんな調子でやりとりを続けた後、青年はそのまま倒したシートに座ったまま、眠りに落ちた。

翌日、辺りを確認するとガードレールもカーブミラーもしっかりあった。狐に抓《つま》まれた面持ちのまま、安全運転で家に帰ることができた。

# トンネルの前で

卯ちり

Bさんは高校時代、秋田市内の高校に通うため、通学困難な立地の実家を離れて一人暮らしをしていた。

通っていた高校は秋田市外からの通学者も多いが、独り暮らしや下宿をしている生徒は、経済的な事情もあり校内では稀《まれ》である。一人暮らしを級友から羨《うらや》ましがられることが多いが、十代半ばにして炊事洗濯を自分一人でこなす煩わしさの方が大きかった。

Bさんの借りたアパートの物件は秋田市保戸野《ほどの》にあり、高校からは至近距離とは言えないが、両親に選定してもらったものなので文句は言えず、入学と同時に入居した。

高校までの距離はおよそ自転車で十五分ほど。通学路は、駅東方面へと久保田城下の千秋《せんしゅう》トンネルを抜け、陸橋を渡って手形方面へと進む道のりである。

高校入学から半年ほど経った頃、雨の降りしきる日にBさんは徒歩で登校した。天気の悪い日や自転車の使えない冬季には、バスや親の自家用車に頼って登校する生徒が多い中、それらの手段を持たないBさんは急ぎ足で高校へと急いだ。徒歩で片道四十分、やっと高校前に着いたと思いきや、到着と同時に朝のチャイムが鳴り響く。

「ああ……間に合わなかった」

Bさんは息を切らしながら、がっくり肩を落とす。

今から教室へと向かっても、遅刻扱いになるだろう。入学以降、優秀な成績かつ無遅刻をキープしていた彼女にとって初めての遅刻になる。それはプライドに堪《こた》える。

そして、遅刻があればいずれ両親の知るところになり、有名大学への進学を切望する厳格な父からは、ひどく責められるに違いなかった。

生徒たちがホームルーム中であろう校舎を見上げながら、Bさんは自分だけ仲間外れで、爪弾きにされたような気持ちに陥《おちい》った。

（もう、いいや）

Bさんは踵《きびす》を返し、今しがた走ってきた通学路を戻り始める。

今日は遅刻扱いで登校せず、仮病を使って体調不良で欠席しよう。家に戻ったらベッドに入って、か弱い声で学校に電話すれば、先生も信じてくれるに違いない。雨で気が滅入るし、もう今日は何もしたくない。部屋でココアでも飲みながら、好きな漫画と小説をダラダラ読もう。

そう心に決めて、ひとりでとぼとぼと通学路を歩く。

交差点から陸橋へ続く道路を渡り、千秋トンネルの手前に差し掛かる。

するとトンネルの奥から、同じ高校の制服の女子生徒がこちらに向かって走ってきた。

彼女も遅刻で急いでいるのだろうか、ぜえぜえと息を切らし身体を揺さぶりながら、一刻も早く登校しようと一生懸命走っているのがわかる。

Bさんは己の選択に後ろめたさを感じつつ、走る生徒の邪魔にならないよう、歩道の端へ身体を避ける。

すれ違いざま、生徒の顔をちらりと見る。

ほんの一瞬だったが、すれ違った生徒の顔は紛《まぎ》れもなくBさん自身だった。

（え？）

走り去った彼女を再度確認しようと振り返るも、すれ違ったBさんの姿はなかった。

今見たものは、一時間前の、必死に登校しようと急いでいる自分を幻視したのではないか、自分が心身共に疲れているからその気持ちが視覚的に現れたのだとBさんは今しがたの光景に理由をつけ、納得しようと努めた。

そのまま帰宅する気分にはなれず、結局、学校へ向かうことにして、二限目の途中から授業を受けた。

その日の放課後、寄り道せずにまっすぐアパートに戻ると、Bさんの部屋は誰かに荒らされていた。

金品の類は盗まれていないものの、下着が数枚無くなっている。犯人は一人暮らしの女子高生であるBさんに目をつけていたのだろう。彼女の登校中を狙い、空き巣に入ったものと思われた。Bさんは被害届を出した後、ほどなく高校近くの別のアパートへ転居した。

転居以降、卒業まで何事もなく過ごせたBさんだが、あの日のことを思い出してはゾッとするという。

もしも、空き巣に入られたあの日、そのまま自宅に戻っていれば、犯人と鉢合わせていた可能性がある。被害は下着の盗難のみで済まなかったかもしれないのではないか。

千秋トンネル前で見た、ドッペルゲンガーの如きもうひとりの自分は、もしかすると最悪な出来事が起こることに対する警告だったかもしれないと、今では考えている。

思い返せば、一瞬すれ違ったもうひとりの自分は、雨の中、傘もささずに今にも泣きだしそうな顔で走っていた。

あれが「もしもそのままアパートに帰宅していた自分」だとしたら――。

# 旧南外村の廃病院

卯ちり

大仙《だいせん》市在住の女性、Kさんから秋田県内の心霊スポットについて伺った。

二十代後半のKさんは現在、子育てで忙しい日々を送っているが、十代の頃は心霊スポット巡りが趣味だったという。兄弟や同世代の友人たちと共に、ネット上の掲示板や級友の噂話で話題に上る心霊スポットを、休日にドライブがてら訪れてひやかしていた。話を聞くと、秋田県内の主要な心霊スポットはほぼ制覇したらしい。

Kさん本人は霊感が強いということで、県内の有名なスポットでの体験はないかと聞いたところ、別に何も……という返答が来た。

「●トンネルは普通の車通りの多いトンネルだったし、●●●ホテルはとにかくボロい廃墟って感じ。●●銀山は単純に怖い雰囲気の場所ってだけで何もなかったなー。あそこ行くと車に手形の跡がつくって聞いたことあるけど、ホントかなあ?」

とはいえ、Kさんはある場所を訪れたのをきっかけに心霊スポット巡りを止めたという。

旧南外《なんがい》村にあったとされる廃病院を訪れた時のこと。

現在は大仙市に編入された地域だが、市街地から離れ幹線道路を南下した場所に、廃墟と化した病院跡が、かつては心霊スポットとして度々噂されていた。

二階建ての小ぶりの建築だが、何もない山中の道なりに突如として現れると、中々に陰鬱な雰囲気がある。

赤い着物の女の霊が目撃されたとの情報もあり、次はここにしよう、とKさんは友人と共に決めたのだった。

初夏の夕刻、Kさんは運転する車に友人四人を乗せ、その病院に赴いた。

入口は一か所のみ。壊れたドアを開けて入ると、狭い待合室らしき空間が現れ、奥に別のドアがある。

ドアを開けて奥の部屋に入ると小部屋があり、その部屋にも別のドアがある。構造上、一方通行のような造りになっているらしく、ドアを一つずつ開けて進まないと建物内を見回ることができないようだった。

Uターンができない進路のため、五人は列を組みながら順番にドアを開け、部屋を一つずつ攻略していく。

陽が落ちるまで時間があったが、部屋はどこも薄暗く、足元や周囲は見えにくい。

一階の端に階段があり、二階に上がると一階と同様の構造で小部屋が続いていた。

二階の端まで到達し「一巡できたから来た順路を戻ろう」とKさんたちは話をしていた時、友人のT君が屋上に続く階段を発見した。

「俺、ちょっと上まで見てくるわ」

そう言って階段を駆け上っていった。

残されたKさんたちはT君の後に続くべきか迷ったが、先に車に戻って、彼を待つことにした。日の落ちかけた時刻の廃病院の最奥に留まっている身としては、院内を一巡できたのだから今すぐ退散したい、というのが本音であった。

外に出ると、屋上にいるT君が「おーい」と彼女らに声をかけた。

俺は完全攻略してやったぞと、得意げな顔をして手を振っている。

見上げたKさんは、屋上の光景に言葉を失った。

T君の背後に、見知らぬ女性が立っている。

廃病院には、むろん自分たち以外に誰もいなかった。

女性はT君にゆっくり近づいていくが、彼はそれに気づいておらず、顔面蒼白なKさんたちを不思議そうに眺めている。

ドン

女性は両腕でT君の背中を突き飛ばし、彼は屋上から落下した。

「うわぁぁぁぁぁぁ……いってえ！！！！！」

落ちた衝撃でT君は足を挫《くじ》き、草むらの中に倒れ込んだ。

一瞬のことに絶叫した四人はすぐさまT君の元に駆け寄り、抱きかかえると駐車していた車に向かった。

後部座席に押し込むと、一目散で車を急発進させた。

車が廃病院の敷地から出る時、Kさんは突き刺さる視線を感じた。ルームミラー越しに病院の建物を一瞥《いちべつ》すると、先ほどT君を突き落とした女性は屋上から消えている。

しかし、二階の窓際に大勢の人影が立っていた。

老若男女、さまざまな人間が二階にあるすべての窓に押し寄せて、こちらを眺めている。

視線の圧に悪寒が走ったが、他の友人たちは全く気づいていないようだった。

T君の怪我は落ちた場所が草むらだったことが幸いしてか、足の捻挫《ねんざ》だけで済んだ。

そのまま彼を自宅に送り届けてその日は解散した。

「こんなことがあったから、私たちもう心スポに行けないよねって。怖いっていうか危ないじゃないですか」

確かに、T君が突き落とされたことを考えると、足の怪我だけで済んだのは不幸中の幸いかもしれない。

彼にその後、霊障がなかったか尋ねると、特に問題はなく、そもそも屋上で女性に突き落とされたとは思ってもおらず、気づけば落ちていた、と言う。

Kさんは、その女性の特徴は、髪が長いという以外は記憶になく、服装についても特に印象がなかったという。

「結局、友人たちもその女を見ていなくて、T君は足を踏み外して落ちた、と言っている。だからみんなにも、その後はなんにもないんだけど——私だけ、変なんだよね」

廃病院へ訪れた直後から、Kさんは寝つきが異様に悪くなったらしい。

寝ている最中に首を絞められる感触があり、息苦しくなって目が覚める。

また、入眠時に知らない人の顔が脳裏に浮かび、それが頭から離れず熟睡できない。

「首絞められるのが苦しくて、毎晩、夜中に目が覚めて——を繰り返しちゃって。すぐにお祓《はら》いに行ったから首絞めのほうは止んだんだけど」

入眠時に知らない人の顔が見える、という現象は今も断続的に続いているそうだ。

「あれは……例えるならフラッシュバックみたいな？　寝始めた瞬間にパーッと誰かの顔が浮かんできて、でも全然知らない人。年齢とか、性別とか毎回バラバラで、鮮明に顔が浮かぶんだけど、誰これ？　っていつも思う。これがない日はぐっすり眠れるんだけど。もしかして、実在している誰かと意識が繋がって相手のことが見えちゃうとか？　その顔の人も、夢に私が出てきたりするのかな？」

不思議そうに話すKさんに、「病院の二階にいたという、大勢の人の顔が一人ずつ見えているのでは？」と咄嗟《とっさ》に言いそうになり、やめた。

廃病院跡はこの数年後に更地になり、現在はその敷地に別の施設が建っているそうだ。

Kさんが人づてに聞いた噂では、その施設でも黒い人影の目撃談が報告されている。

# 風穴

卯ちり

男鹿市脇本《わきもと》に位置する寒風山《かんぷうざん》は、標高三五五メートルの成層火山である。溶岩に覆われた山肌には芝生が生い茂り、山頂部はかつての噴火口と二つの峰から形成されている。林のない寒風山の見晴らしは遮《さえぎ》るものがなく、三六〇度すべての方向から眺望を望むことができる。

頂上を訪れると、広い空にはパラグライダーが舞い、一面の芝生に初夏は山百合、秋にはススキ野原が山の斜面を覆いつくす。現在はジオサイトとして登録されており、県道五五号線で頂上付近までアクセスできるため、快晴の日にはドライブやツーリングで訪れる観光客が多い。

寒風山の頂上にある峰のうちの一つ、姫ヶ岳《ひめがたけ》の噴火口には、風穴《ふうけつ》と呼ばれる洞窟がある。洞窟といっても、人間が中へ入れるほどの大きさではない。大小の岩が石垣のように積み上がった隙間に洞口があり、そこに手をかざすと風穴の奥からひんやりとした冷風が吹きあがってくる。

Y君が小学生の頃、家族と共に初夏の寒風山へ遊びに行った。

頂上の回転展望台を堪能し、山頂一帯を散策している途中に、Y君は風穴を訪れた。

目の前には、岩の隙間にぽっかり空いた虚空があり、冷蔵庫を開けたときのような冷気が湛《たた》えられている。

「かざあな！」

Y君は少しばかり興奮した。当時彼が観ていたアニメに、あらゆるものを吸い込む風穴《かざあな》という異能の武器を掌《てのひら》に持つキャラクターがいたのである。目の前の穴も、それと同じように吸い込む力があるのではないかと、Y君は想像した。

「かざあなじゃなくて、ふうけつって読むの」

母親に窘《たしな》められつつ、Y君は風穴に手を伸ばす。

もしかすると、風穴に手が吸い込まれそうになるのではないかと期待したが、勿論そんなことはなく、冷風が奥からそよぐだけである。穴の向こう側から風が吹いてくるのだから、この洞穴に行き止まりはなく奥まで続いていて、穴の先に出口があるのかもしれない、とY君は好奇心を抱く。

もう行くよ、と両親に声を掛けられ、家族は来た道を戻り始める。

Y君はその隙に、ポケットからパッケージに包まれた飴を一粒取り出した。

（えいっ）

飴を風穴の中に放り投げてみる。飴は奥のほうに消え、どこに落ちたのかは見えなかった。

その後、もう一つの噴火口付近を散策すると、「鬼の隠れ里」と呼ばれる、芝生に覆われた一帯の中で、唯一その場所だけ岩が山積みになっている場所がある。

鬼がそこに隠れ住むために作ったものという伝承がある。

付近には「弘法《こうぼう》の硯石《すずりいし》」と名のついた水の湧く岩があり、頂上には南無妙法蓮華経と彫られた碑が鎮座していた。

岩をよじ登って上まで行くことができるため、Y君は碑のある場所まで進もうと岩に手をかけた。

「気をつけなさいよ」

両親が岩の下からY君を支え、心配そうに彼を見上げる。

Y君は大きな岩の上に立ち、目の前にある岩の重なった隙間を覗く。

（あっ）

岩と岩の隙間に、一粒の真新しい飴が挟まっている。

その包装は、先ほど風穴に投げた飴と、同じものだった。

## 奥羽異譚・秋田県

人間がいちばん恐ろしい——そんな手垢まみれの常套句を改めて実感する説話が、六郷《ろくごう》町《まち》(現在の秋田県大仙市)に伝わっている。まずは『六郷町史』(六郷町史編纂委員会)を底本に、大まかなあらすじを紹介しよう。

《その昔、六郷町の小西家に「おかね」という美しい女中がいた。下男の作兵衛は彼女に惚れて言い寄ったがまるで相手にされない。作兵衛は逆恨みし、桃の節句に餅を作るおり、おかねの頭を臼《うす》へ引きこむと杵《きね》で潰し殺してしまった。するとその日以来、小西家では桃の節句のたび、なぜか餅が赤く染まるようになったのである。人々はおかねを手厚く葬り、桃の節句には絶対に餅を搗かなくなったそうだ》

「血の色に染まる餅」も恐ろしいが、陰惨な殺害手段にも慄《おのの》いてしまう。もっとも、おかねの伝承には諸説あるようで『羽後の伝説』(木崎和廣/第一法規)に記された話は内容が大きく異なる。《おかねは大森城(現在の横手市大森公園)に仕えていた女中だったが、落城のおりに逃げた際、敵に捕まり殺されてしまった。それ以来、殺害場所には女の亡霊があらわれ、歩く者を大いに怖がらせたという》

『秋田の伝説』(長山幹丸/秋田県仙郡北協和村 蓮西寺)に載っている話はさらに怖い。先述した餅がらみの話に酷似しているが、結末が若干違うのだ。

《小西家のおかねは倹約家の女中で、使用人の食べ物にも大変厳しかった。それを恨んだ男たちは餅搗きの際におかねをこっそり杵で叩き殺してしまった。家の者は供養のために杉を植えたが、まもなく「この杉の皮を剥《は》ぐと鮮血のような赤い液が流れる」と噂が立ち、それをひとめ見ようと人々がこぞって樹皮を剥ぎ散らかした所為で、とうとう杉は枯れてしまったそうである》

死してなお人々の好奇心に弄《もてあそ》ばれ、供養の杉まで枯死するとは哀れきわまりない。げに恐ろしきは人間なり——おかねは本当に成仏できたのだろうか。

おかねを弔ったとされる「おかね塚」は、現在も同県大仙市に立っている。塚の近くには杉ならぬ松の木が立っているが、興味本位で樹皮を剥ぐのはお勧めしない。

もし松を傷つけて、血を思わせる液体が滲《にじ》んできたら——おかねの恨みがいまも晴れていないことを証明してしまうではないか。出てくるかもしれないではないか。

# 福島県

# 水底へ／より

大谷雪菜

明治の始め頃、水不足で米の実りが悪いY町に、羽鳥《はとり》湖から水を引くことを唱えたのは星吉右衛門《ほしきちえもん》という人だった。莫大な資金を必要とする彼の計画に、県が首を縦に振るのには五十余年を要し、吉右衛門翁は己の提言が現実となる前にその人生の幕を閉じた。

吉右衛門翁の死後、羽鳥湖から引かれた用水路は、祥子さんの家のはす向かいにある、小さなスーパーの裏手を静かに流れていた。今ではその歴史を知る者もほとんどいない。夕飯支度を始める前の夕暮れ時、用水路に沿った土手道は祥子さんと愛犬のロンの散歩コースになる。

じきに日が沈みそうなある日のこと。

祥子さんはいつものようにロンを連れて勝手口を出た。

目の前を走る二車線の道路を横断して、空き地に毛の生えたようなスーパーの駐車場をまっすぐ突っ切る。店名の半分しか明かりの灯らない看板よりも明るく、色褪《あ》せた屋根の上で一番星が煌《きら》めいていた。

スーパーの裏手に回ると、辺りは一気に暗くなる。建物の背後——水路の縁——に立ち並ぶ針葉樹の鬱蒼《うっそう》とした枝葉が、水面に年中暗い影を落とし続けている。土手道には、半円を描くように隙間なく配置された無縁墓が、雑草の合間に息をひそめる。

文字通り、草葉の陰から。

ふいに、この辺り一帯は、昔は墓地だったのだという夫の言葉を思い出した。祥子さんはほんの少し、ロンに合わせて小走りになった。

スーパーの影を抜けると、にわかに視界が広くなる。

広大な畑の風景が広がり、辺りに静寂が満ちた。

足元を流れる用水路の規則正しいせせらぎと、祥子さんが草を踏む音だけが背後に流れていった。畑の向こうには、沈みかけた夕陽を浴びながら小さな黒い塊《かたまり》となった東北本線の短い車輛がのろのろと走っている。

踏切の音が微《かす》かに聞こえた。最近立て続けに人が飛び込んだばかりだった。

街灯もない土手道をしばらく歩いていると、それまで茶色い尻尾を振りまわしながら、先を急ぐようにリードを引いていたロンが、ぴたりと足をとめた。

ワン、とロンは吠えた。どうしたの、と祥子さんは言った。徐々に夕闇に浸《ひた》されてゆく前方の道は、変わらぬ静けさを保っている。

行くよ。リードを揺らしても、ロンは動かなかった。

やがて、遠くの暗がりに小さな光が現れた。自転車だった。

やっぱり犬は耳が良いのね、と祥子さんは思った。

音もなく近づいてきた自転車は、祥子さんとロンの姿を見とめると、リン、とベルを鳴らした。澄んだ音が波紋を描く。反応して、再びロンが吠えた。

「こんばんは」

祥子さんはリードを短く手繰《たぐ》りよせて自転車に向かって会釈した。フードを被った自転車乗りも、すれ違いざまに小さく頭を下げた。ひょろりとした身体つきだったが、性別も顔も、若者なのか老人なのかもわからなかった。

歩みを再開するとまもなく、後方からちゃぽん、と小石を投げ込んだような水音が聞こえた。咄嗟《とっさ》に振り向くと、水路は黒い水面を湛《たた》えて小さなうねりを刻んでいた。

すれ違ったはずの自転車の姿は、なかった。

どこへ行ったのかしら。祥子さんは辺りを見回した。スーパーの方向へ折れた様子もない。前後にえんえんと伸びる藍色の土手道は、視線の先で黒々と連なる山のシルエットに飲み込まれた。

民家が見えてきたあたりで、祥子さんとロンは道を引き返す。すっかり日は暮れて、風は冷たさを増した。白茶けた明かりに照らされたスーパーの看板が、夕闇にぼんやりと浮かび上がっている。

ふいにベルが鳴った。自転車のベル。リン、リンと立て続けになった音は、霞《かす》みがかってどこか遠くから聞こえてくるようだった。

祥子さんの視線は、自然と水路のほうへ注がれた。スーパーを越えた先から、水路にコンクリートの蓋をされた暗渠《あんきょ》になる。ベルはあの中から響いている。そう祥子さんは思ったそうだ。

近年まで、そのスーパー裏の用水路付近には、夏になるとたくさんの蛍が飛び交っており、どうしてこんな場所にと近隣の人はみな不思議がっていたのだという。

この辺はたくさんホトケさまがいるみたいだからね、と祥子さんは穏やかな表情を浮かべて言った。

# 蓮池ワンダーランド

大谷雪菜

主婦の知佳さんはその公園で奇妙な光景を目の当たりにしたことがある。

公園の名は大池公園といった。中心に大きい池があるから、大池公園。なんのひねりもない名前だが、園内にはソフトボール場や茶室に庭園と、小さいながらもそれなりの施設が整えられている。キャンプやバーベキューにも使用できることから、天気の良い夏場は利用客も増えるが、普段は一周二キロの散歩コースとして利用しているお年寄りに出くわす程度の、のんびりとした公園だ。

当時、知佳さんは、小学生になる息子二人を連れてよく大池公園を訪れていた。体力の有り余った息子たちを遊ばせるのに広い公園はうってつけの場所で、子どもたちが走り回っているあいだ、知佳さんはベンチに腰かけて趣味の刺繍《ししゅう》に勤しむ。

ある休日のこと。手作りのサンドイッチを編み籠に詰めて、知佳さんは息子たちと一緒に大池公園へ向かった。

車を降りて、赤松の林を歩いた。息子たちが松ぼっくりを探し始めたので、松ぼっくりはまだないわよと知佳さんは言った。林を抜けると、公園の大部分を占める池の前に出る。

初夏の陽射しが降りそそぎ、水面に無数の白い光が反射していた。

池の北側には水上歩道が伸びていて、渡った先に六角形の小さな御堂がある。御堂には、これまたその見た目どおりの六角堂という名がついている。その周りを囲むようにして水蓮が一斉に花開き、鮮やかな色彩を浮かべていた。

あとでお堂のほうへ行ってみようか。木陰のテーブルベンチでサンドイッチを頬張《ほおば》りながら、知佳さんは息子たちに言った。息子たちは食べるのに夢中で、あまり聞いていないようだった。

食べ終えたランチボックスを片付けていると、水上歩道を行く人影が見えた。

妙に目を惹いたのは、その人物が全身金色の服を着ていたためだ。遠目には、おそらく男性だった。知佳さんは思わず片付ける手を止めた。

あのひと、金ぴかだ。二人の息子も気が付いたようだった。

目を見張ったのには、もう一つ理由がある。

「金ぴかのひと」は、低空飛行でもするかのように、すぅっと水上歩道を移動していた。足を動かしている様子はない。直立したままの滑らかな動きで六角堂へ入っていった金ぴかのひとは、いっとき柱の陰に見えなくなり、次の瞬間には二階にその姿を現した。

古風な堂内に佇《たたず》むその姿は、より一層存在感を放って見えた。

おれらも行こう、と息子たちが走り出した。水蓮の花よりも、金ぴかのひとに興味を持ったのだろう。わんぱくな二つの背を知佳さんは微笑《ほほえ》ましく感じた。片付けを終えてから、ゆったりとした歩調で息子たちのあとを追った。

瑞々しい水蓮に目を奪われながら歩いていると、視界の端でその存在を主張していた金ぴかのひとが、ふいに見えなくなった。

あれ、と六角堂のほうに目をやると、やはりその姿は見当たらなかった。

水上歩道を駆ける息子たちも、驚いたような語調で何事かを騒いでいる。

消えた！　知佳さんの耳はそう叫ぶ息子の声を捉えた。消えるだなんてありえない、と思った。

六角堂へたどり着いた息子たちは、上を見上げながらどたどたと走り回っていた。

すげえ、消えた！　宇宙人？　騒々しいお堂の前を、ランニングウェアの男女が通り過ぎていった。

突然、息子の一人が欄干《らんかん》から身を乗り出して足をかけた。

やめなさい。知佳さんが言うが早いか、息子は水泳競技のようなきれいなフォームで頭から池に飛び込んだ。水飛沫《みずしぶき》が上がり、水面が大きく揺れた。

思わず悲鳴が出た。

池の水深がさほどの深さでないことは知っていたが、そういう問題ではなかった。知佳さんが絶句していると、息子はびっしょりと濡れた顔を水面から出して、お前も来ーい、と兄弟の名を呼んだ。

ばか！　なにしてるの！　知佳さんは金切声を上げた。すると背後からもう一人の息子がふらりと欄干に近づいて、イルカのようなしなやかさで池へ飛び込んだ。一気に泥煙が水中に広がる。飛び散った飛沫が、お堂の床に点々と黒い染みをつけた。いい加減にしなさい。プールじゃないのよと知佳さんは叫んだ。

息子たちは濁った池の中へ潜っていった。母親の怒鳴り声など全く意に介していない。途中で息が切れるのだろう、時折顔を上げては興奮した様子ではしゃぎ、また水中へ潜った。

わけがわからなかった。自分まで飛び込んで二人を連れ戻すわけにもいかない。次第に怒り疲れた知佳さんは、ひたすら呆然として息子たちを見つめるしかなかった。

やがて息子たちは、満足した様子で戻ってきた。

「あんたたちは一体なにをしてるの？」

非常識なことはやめなさい。すぶ濡れになった息子たちを力なく叱りつけると、二人はあっけらかんとした様子でけらけらと笑っていた。

「池の中が光ってたんだよ」

「おれたち大発見した」

息子たちによると、池の中には遊園地のようなものがあったという。

その遊園地というのが、また妙なものだった。彼らが見た七色の眩《まばゆ》い世界には、小さな橋があって、小さな山がある。そこに住む金色の小さな人々が、綿菓子のようにふわふわとしたものに乗って移動しているのだと息子たちは熱っぽく語った。さながら箱庭を俯瞰《ふかん》したような感覚なのだろう。

楽しげな息子たちとは逆に、知佳さんはぞっとしていた。遊園地の話を聞いたときに脳裏をよぎったのは、浄土という言葉だった。

「蓮池の底だもの」

息子たちを連れて行かれなくてよかった、と知佳さんは不安を隠せない口調で言った。

# 山の音楽会

大谷雪菜

那須《なす》連山の東に位置する、赤面山《あかづらやま》という山がある。

標高は約一七〇〇メートルほどで、登山者にとっては初心者向けの山だとされているが、小学生の浩平さんにとって、その山頂は果てしなく遠いものに感じられたという。

今から十年以上前の話になる。

地域のレクリエーションで、浩平さんは父と二人で登山に参加することになった。

参加者は大人と子ども合わせて約三十名ほど。登山口となる旧白河高原スキー場跡地は、当時閉鎖されたばかりで、廃墟となってがらんとしたロッジが、空虚な雰囲気を携えて佇《たたず》んでいた。登山口の前で一塊《ひとかたまり》になった子供たちの前で、レクリエーションの役員となった父が何かを話していた。水分補給とか、具合が悪くなったら、とか。

父の声は、浩平さんの耳を通り抜けていった。

閉鎖されたロッジの二階の窓に、人影があった。

片手に細い棒のようなものを持った人影は、じっとこちらを見下ろしていた。暗い窓ガラスが反射して、その容貌まではよくわからない。

ああいうのをなんて言うんだっけ、と浩平さんは思ったが、忘れてしまった。廃ロッジを見上げたまま、そっとジャンパーのポケットに手を入れた。硬く、無機質な冷たさが指先を伝った。

「おうい、浩平。ボケっとしてんな。出発だぞ」

話が終わって駆け寄ってきた父に腕を掴まれ、浩平さんは子どもたちの一団を追った。

「あれ、ちゃんと持ってるか？」

浩平さんは頷《うなず》いて、ポケットを軽く叩いた。

ポケットの中には、父から渡されたトランシーバーが入っていた。参加者の中に体調不良者が出たら、役員である父が面倒を見なければならない。ずっと付いていてやることはできないかもしれないから、何かあったらこれで連絡を取るように、と言われていた。

登山は、序盤から荒れた岩場の続く険しい道だった。秋とはいえ、空気はまだ夏の気配を残している。大人たちは子どもの歩調に合わせてゆっくりと進んでくれたが、それでも慣れない山道にじわじわと体力は奪われてゆく。

道中、顔見知りの男子が地べたに座り込んだ。近所の、浩平さんより下の学年の子どもだった。

「すまん。みんなと先に進んでいてくれ」

あの子を休ませてから追いかけるから、と言って父は浩平さんの元を離れた。

浩平さんは友人親子に混じって、先へ進んだ。岩場に力強く生い茂る草花と、あとはもう朽ちてゆくだけのスキー場の名残り。生と死が道々に共存していた。

廃リフトの頂上からブナの原生林に入った頃、父から連絡があった。具合が悪くなった下級生を結局車まで送っていって、今から追いかけるとのことだった。

トランシーバーで連絡を取る浩平さんの姿に、友人たちは目を輝かせて集まってきた。

「すげぇ。刑事みたい」

おれにも貸して、と友人の翔太は言った。お父さんに繋がるから変なことすんなよ。浩平さんは渋々言いながら友人に使い方を教えた。

「こちらショータ！　応答せよ、応答せよ！」

翔太はドラマの台詞《せりふ》めいた口調になってはしゃいだ。

「お。どうした、事件か？」

父も乗り気で遊びに付き合ってくれて、しばらくそんなやりとりが続いた。黙々と登っていたときよりも、不思議と疲れを感じなかった。林の中はひんやりとして、土の匂いが濃い。浩平さんは山の空気を感じながら斜面の土を踏みしめて歩いた。

トランシーバー片手に軽やかな足取りだった翔太は、だんだんと疲労の色を見せ始めていた。前の列に走っていったかと思えば、また後方の浩平さんたちのほうへ戻ってきたり。単純に考えて、翔太は浩平さんを含めた他の人よりも多く体力を使っている。ましてや山道だ。もう気力がない、と言わんばかりの様子で、トランシーバーは再び浩平さんの手に戻された。

やがて、トランシーバーがざざっと鳴った。通信ボタンが押された音だ。浩平さんは耳を澄ましたが、父の声は聞こえてこない。訝《いぶか》しく思って、自分から話しかけた。

こちら浩平。いまどこ？　どうぞ。

再び雑音が入って、応答があった。だがそれは、父の声ではなく、音楽だった。一斉に色んな楽器を鳴らしているような、ごちゃごちゃとした音だった。

「なんだこれ？」

浩平さんは驚いてトランシーバーを顔から離した。妙な音楽の通信は、すぐに切れた。

後ろで息を切らす翔太を呼びよせ、浩平さんはトランシーバーから変な音楽が聞こえたことを告げた。

「なにそれすげえ！」

おれも聴きたい、と興奮する友人の目には光が甦っていた。

「いや、一瞬だけだったし」

お父さんの聴いてるやつかもしれない、と言おうとしたとき、また無線が鳴った。

やはり父の声はしない。浩平さんと翔太の間に緊張が走った。

音楽が流れはじめた。

「うわ、きた」

今度はきちんと、耳元へ近づけて聴いた。雑多な音の、ゆったりした曲調だった。

知らない曲だったが、その一つ一つの音には妙に聞き覚えがある。

リコーダーや、ピアニカ、それから大きな太鼓の音。どれも学校で馴染みのある音だと
浩平さんは思った。父がこんな曲を聴くだろうか。

しばらくすると通信はまた、ぶつりと乱暴に切れた。

「なんだこの曲？」

どこで鳴らしてんだろう、と翔太は不可解な面持ちで言った。

それは、公共放送の番組のテーマ曲なのだと、浩平さんたちは後に知ることになる。

音楽の通信はそれきり鳴らなかった。

浩平さんは静まり返ったままのトランシーバーを見つめて不安に思ったが、すぐに汗だくになった父が後方から現れた。

「さっき変な通信した？」

そう訊ねると、父はなんのことかわからないという顔をした。

「へんな音楽みたいなの」

聞こえてきたものを簡単に説明すると、父は知らない様子だった。

ゆうれいの曲だ、と翔太は楽しそうに言った。


その年、小学校の音楽会で演奏する曲を聴いたとき、浩平さんはなぜ自分はこの曲を知っているんだろうと不思議に思って、それからひどく驚いた。

その曲は、赤面山の中腹でトランシーバー越しに聴いたものにそっくりだったという。

# 薔薇園の女

大谷雪菜

風は強いが、よく晴れた日だった。

敷地内は多くの親子連れや学生たちで賑わっており、ところ狭しと敷き詰められたカラフルなレジャーシートで芝生の緑はほとんど見えない。

頭上の桜は、麗らかな春の日和と、人々の門出や再会を祝福するように咲き誇っている。

K山公園は、まさに絶好の花見シーズンだった。

ざわめきの中、緑さんと友人のMは静寂を求めるように園内をゆっくりと歩いていた。

風に流されていろんな食べ物の匂いが鼻先を掠《かす》めてゆく。何か持ってくればよかった、と緑さんは思った。二人はほとんど手ぶらだった。レジャーシートも花見弁当も持っていない。

右隣を歩く何も言い出さないMの白い横顔を、緑さんはときどき横目でちらりと見つめて、それから視線を下のほう——Mの手元へ落とした。

ブラウスの袖口からのぞく真新しい包帯に、うっすらと血が滲《にじ》んでいた。

「桜を見に行こうよ」

中学校を卒業してしばらく経ったある日、そう連絡を寄越したのはMだった。

三年生の始めに生徒会で仲良くなったMとは、卒業する頃には疎遠になっていた。緑さんのほうから少しずつ距離を置いたともいえる。高校受験が近づくにつれ不安定になっていったMの進学先を、緑さんは知らなかった。

突然の花見の誘いに戸惑いながらも、緑さんは承諾のメールを返信した。

何か話があるのだろうと思っていた。そして、自分も何か謝らなければならないような気もしていたという。

「こんなに人が多いと思わなかった」

「たしかに」

時折当たりさわりのない言葉を交わしながら、あてもなく園内をうろついていると、小さな薔薇園の前に出た。白い門扉がわずかに開いている。

「ここ、入ろうよ」

振り向いてMが言った。強風が吹いて、薄茶色のボブヘアが顔を半分覆っていた。

「や、開くのって再来月あたりじゃない？」

薔薇の見頃にはまだ早い。

「でも、開いてるし」

Mはかすかに口元を綻《ほころ》ばせると、門を開けてすたすたと薔薇園の中へ入っていく。背後のざわめきを遠ざけるように、錆びた蝶番《ちょうつがい》が軋《きし》んだ音を立て、緑さんは後を追った。

シーズン前の薔薇園は、冬枯れの表情を残して小ざっぱりとしていた。見頃の時期には天鵞絨《びろうど》の天蓋に覆われるアーチの小径も、絡《から》みつく枝葉からの間からその痩《や》せた骨組みを剝《む》き出している。

園内に、緑さんとM以外の人影はない。前をゆくMのスカートが時折風を孕んでは、もの言いたげにはためいた。裾から伸びる白い脚は、アーチの骨組みによく似ていた。

「M、最近体調はいいの？」

どこの高校に行くことになったの、とは聞けなかった。

まあまあかな、とMはそっけなく言った。そうなんだ、としか返せなかった自分を薄情だと緑さんは思った。春風にも飛ばされそうなMの背中は、最後に見たときよりも一層痩せ細って見えた。

アーチの向こうに、裸婦の石像があった。片膝をすこし曲げて、小鳥を招くかのように右腕を掲げた裸婦は、まだ咲かぬ薔薇の花を探して乾いた地面を見つめている。

Mは、まっすぐに石像のほうへ向かっていった。足取りはやけに軽い。

「ちょっと待って」

どうしたのと緑さんは言った。聞こえていないのか、Mは振り向きもしない。

ずんずんと、土の上にパンプスの足跡を残しながら歩いていったMはやがて立ち止まり、石像の立つ台座に手を伸ばした。血の気のない手のひらが、何を掴んだようだった。

一瞬、きらりと眩《まぶ》しい光が飛んだ。

「なにそれ。鏡？」

薔薇を避けながらあとを追いかけた緑さんは、Mの肩越しにその手元を覗き込んだ。

「えっ」

思わず声が出た。

Mの手に握られていたのは、白い小さな手鏡だった。しかし、その手鏡が映し出していたのはMの顔ではなかった。

小傷にまみれて曇った鏡面には、見慣れない外国人と思しき女が映っていた。金髪に骨ばった輪郭の女は、目元に恨めし気な深い陰影を刻んでいる。

誰――と緑さんが言うより早く、鏡の女の色のない唇が開かれた。

あ と す こ し

女の唇は、そう動いた気がした。いや、確実にそうだったと緑さんは今でも思う。声が聞こえてくるようだった。

とたんに、Mはびくりと肩を震わせると、手鏡を地面に落とし、落ち着かない様子でスカートのポケットを探り始めた。

「いきなり何?」緑さんは混乱と動揺を隠せなかった。

虚ろな瞳を携えたMがポケットから取り出したのは、一本のカッターナイフだった。チキチキといやな音が鳴った。その音を、緑さんは放課後の教室で聞いたことがあった。

Mの細い指によって押し出された鈍色《にびいろ》の刃は次の瞬間、まだ鮮やかな血の滲む手首の包帯に押し当てられた。

咄嗟《とっさ》に、緑さんはMの腕を強く掴みあげた。

「何してんの!　やめな!」

「うるさいんだけど!」

Mは目を剥いて抵抗した。なんとかして緑さんを引き剥《は》がそうとする。か細い腕からは想像もつかない力だった。天使の輪を描いていた柔らかな髪がふり乱れていた。

次第に取っ組み合うようなかたちになり、緑さんは空いた手でMの身体を強く突き飛ばした。Mは石像の台座にぶつかって、握られていたカッターは地面に落ちた。

緑さんはカッターを拾い上げてMの前に立つと、ごめん、と小さく呟《つぶや》いた。

それは、今しがたの行為に対する謝罪でもあったし、卒業前の自分の態度に対する謝罪でもあった。

「こういうのはやめようよ」

こういうの、が何を差すのかは自分でもわからなかった。

石像に寄りかかったまま、ずるずるとしゃがみこんだMは俯《うつむ》いたまま言った。

「だって、やらないとダメなんだもん」

何が駄目なのと緑さんが聞いても、Mは黙り込んだまま横に首を振るだけだった。緑さんの頭には、先ほどの鏡に映った女の顔が浮かんでいたが、触れることができなかったという。自分の身に何かが降りかかることを恐れていたのかもしれない。


しゃがみこんだMを立ち上がらせ、無言のままに薔薇園をあとにした二人は、そのまま桜並木で別れた。

緑さんは、その後Mと連絡を取っていない。風の噂で高校へは進学しなかったと聞いた。Mの見る鏡には、今でもあの女が現れるのだろうか。

そんなことを考えては、緑さんは今でも暗い気持ちになるのだという。

# 振り袖

葛西俊和

　久本さんが二十歳になった年のことだ。成人式を控え、彼女は式に着ていく振り袖を探していた。久本さん自身は別段振り袖に思い入れは無かったのだが、友人たちが振り袖で揃えて式に出たいと言うもので、合わせる必要があった。

　とはいえ、振り袖というのはレンタル品でも軽く十万円以上かかってしまうもので、当時お金に余裕が無かった久本さんは困っていた。

　どうにかお金を貸してもらおうと、両親に相談をしてみると、母が祖母の家で振り袖を見たことがあると言い出した。祖母はかつて着物の着付けを生業にしていた時期があったそうで、母が子供の頃にちらりと見たのだという。しかし、それは随分昔のことで、今も残っている確証は無かったのだが、藁《わら》にも縋《すが》る思いで久本さんは祖母に連絡を取った。

「振り袖かい。ああ、あるにはあるがね……」

　電話口での祖母は煮え切らないような口調であった。孫娘の晴れ舞台に協力してくれないのかと、久本さんは内心憤りを覚えたのだが、態度に表さないようにしてなんとか祖母に振り袖を見せてもらえるように約束を取り付けた。

それから数日して、久本さんは会津若松市にある祖母の家を訪れた。祖母は久本さんを和室に通した。和室の中央には大きな桐箱が置かれており、近くには衣紋掛《えもんか》けという和服用のハンガーも用意されていた。

久本さんと祖母は桐箱を挟んで向かい合って座った。祖母が桐箱をそっと開けると、久本さんは思わず小さな声を上げた。

久本さんの目の前に現れたのは、まるで新雪《しんせつ》のような美しさを持った白地に桜模様が織り込まれた綸子《りんず》の振り袖であった。祖母は目を細めると、丁寧な手つきで、桐箱から振り袖を取り出して衣紋掛けに通した。広げられた振り袖は美しく、白の綸子に浮かび上がった桜模様がきらきらと輝いているように見える。久本さんの目は振り袖に釘付けになった。和服のことなど全く知識の無い久本さんでも、目の前に広げられた振り袖の出来は見事なもので、一級品と呼ばれる類のものだと直感で理解できたのだ。

「これはねぇ、とても大事なものなのよ。だから、貸すのには一つだけ条件を付けさせて欲しいの」

祖母が付けた条件というのは、久本さんにこの振り袖と共に一晩、過ごしてほしいというものだった。祖母の言うことが理解できなかったが、一目で振り袖を気に入った久本さんは条件をのんだ。

その夜、久本さんは和室に置かれた布団にもぐり、横になっていた。照明を落とした暗い部屋の中でも、目の前に広げられた振り袖の白地はうっすらと光を放っているように輝いていて、思わず見とれていたという。

祖母の家の中は静まりかえっており、時折屋鳴りのような音がしていた。

床に入ってどれだけの時間が過ぎただろうか。いつからか、久本さんは妙な胸騒ぎを覚え始め、寝付けなくなっていた。ふと、枕元の携帯を開いて時間を確認しようと思い立ち、手を伸ばそうとした時だ。

久本さんは自分の体が動かないことに気が付いた。耳鳴りが始まり、久本さんは思わず目を閉じた。キンキンと耳鳴りは大きくなっていき、それと比例するように頭がひどく痛みだした。久本さんは小さくうめき声をあげた。すると、途端に耳鳴りが止み、頭痛も感じなくなった。久本さんは息を吐くと、強く瞑《つむ》った両目を開けた。

目の前に若い女の顔があった。女は久本さんの布団の上に覆いかぶさるように乗っており、纏《まと》っている服に見覚えがあった。女は久本さんが欲しがっていた振り袖を身に纏っていた。白梅香《はくばいこう》の匂いがし、女はにやりと笑うと、久本さんの頬《ほほ》を指先で撫でた。全身が粟《あわ》立つような、氷のように冷たい指先だった。

「あなたじゃ駄目ね」

馬鹿にしたように女が笑い、その声を聞くと、久本さんは睡魔に襲われてそのまま眠ってしまった。翌朝になり、久本さんが目を覚ますと、祖母が部屋の中に居た。線香の鉢が振り袖の傍に置かれており、火のついた線香の棒が数本、煙を上げていた。

「女がでただろう」

祖母の問いに、久本さんは無言で頷《うなず》いた。祖母は溜息をつき、振り袖について語った。

この振り袖は元々、祖母が丁稚奉公《でっちぼうこう》に行っていた商屋の娘のものだった。この娘というのが性格がきつく、誰にでも厳しい人だったのだそうだ。しかし、祖母だけは何故か気に入られ、可愛がられていた。娘は二十歳になる前に病死し、彼女が残した遺言によって祖母はこの振り袖を形見に貰ったのだという。

「前にも何人か、この振り袖を貸してほしいという人がいたわ。でも、みんな、すぐに諦めたわ」

あの人に認められなかったのなら、諦めた方がいい。祖母にそう言われると久本さんの中で振り袖に対する興味が急激に失われていった。

久本さんは成人式をスーツで迎えた。友人たちには残念がられたが、式は楽しめたという。

# 奥羽異譚・福島県

前巻『奥羽怪談』で「福島県は一つ目小僧にちなむ奇談が多い」と綴った。実は一つ目のみならず、福島には〈怪蛇〉にまつわる話も少なくない。たとえば、大正時代にまとめられた同県石城《いわき》郡の記録『石城北神谷誌』（高木誠一／翻刻：夏井芳徳／雄峰舎）には〈ふたつの頭を持つ蛇〉の目撃談が綴られている。しかもこの蛇、一般的な双頭ではなく、身体の両端に頭があるのだ。該当部分を引用してみたい。

《明治十九年十一月に死んだ伯母のマスは、或年の夏、袖山に朝草刈に行き、草を刈って居たのに、一匹の蝮蛇がいたから、捕らへんと蛇の頭を鎌でおさへつけたるに、尾の方にも頭があつたので驚いて、草も刈らずににげて家に帰ったことがある。両頭の蛇を見た人は死ぬと云ふが、其ために若死したのであるまいかと、祖母は余に語つたことがある》

『民俗採訪』昭和三十年度号には、おなじ石城郡田人村（現在の同県いわき市）の話として《明治初年、子供が急死したので占ってもらったところ「マムシを殺した祟りだ」と出たので蛇をオチカミ様として祀《まつ》った》との記述もある。オチカミ様の祠《ほこら》に登ると身体の自由が効かなくなり、祠から降りられなくなったという。

会津地方にも怪蛇の話が伝わっている。同地方の昭和村では、胴体が異様に太い〈俵蛇〉という蛇の存在が知られていた。現代でいうツチノコであろうか。村議の羽染兵吉が記した『おらが村の伝説 昭和村』には、村民十一名のツチノコ目撃談が載っている。とりわけ興味深い、やや趣きの異なる一編を紹介しよう。

《昭和四十四年の水害からまもないころ、栗城某《なにがし》という男が水害の後片付けをしていたおり〝蛇に似ているが、見たことのない獣〟に遭遇した。獣は、胴体が大人の腕ほどもあり、目の周囲が金色に光っていたという。物知りの老人を呼んでくると「水害で流れた祠の守り神だ」と驚き、獣に向かい「二度と人目にかかる処へ出てくるなよ」と声をかけた。すると獣はその言葉を理解したように、何処かへ消えていった。老人は栗城某に「誰にも話さぬほうが良い」と告げたそうである》

本書には、ほかにも《矢の原湿原で、倒木と見紛《みまご》う全長三、四メートルの大蛇を目撃した》との証言が載っている。南東北の山河を、世にも怪しき蛇が這いずっている――想像すると、なんとも恐ろしく素敵な光景ではないか。

青森県

# 神鎮《かんしずまる》

鶴乃大助

これは青森県と秋田県をまたぐ怪異である。

「絵っこ長く描いでれば、不思議だことあるもんだの」

ゆっくりとした津軽弁で語る八嶋龍仙さんは、弘前ねぷた祭りの絵師として、五十年近く活躍する津軽錦絵界の第一人者だ。

日本画も描き、温もりのある仏画や童子画が好評で、全国から絵の依頼が絶えない。

二十年ほど前のある日、八嶋さんの元を秋田県から鈴木さんという女性が訪ねてきた。

「先生に鬼の絵を描いて頂きたいのです」

「鬼ですか？　なんでまた鬼の絵なんです」

「母が拝んでいた鬼の神様なんですが……」

神妙な面持ちの鈴木さんが依頼のわけを語り出した。

鈴木さんの母親は、地域の人々の悩み事を聞いて、祈祷《きとう》や占い事を行うカミサマ（青森や秋田県北の民間信仰の巫者《ふしゃ》）だという。

ある日、高齢の母親が倒れ、危篤状態となった。

危篤と聞いて集まった他の家族が小さな家での葬儀を心配し、早まって祭壇を撤去、お焚《た》き上げしてしまった。

その時、壁に掛けられていた鬼の掛け軸も一緒に、お焚き上げの火の中に焼《く》べられた。

数日後、母親の意識は奇跡的に回復し、リハビリを経て一ヶ月後には自宅に戻ることが出来た。しかし案の定、ガランとした祭壇の跡を見て、母親は泣き崩れた。

「全部、捨ててまったんだが……」

その日の夜中から母親の奇行が始まった。

就寝した母親が突然起き上がり、叫んで暴れ出す。

「この家ば根絶やしにしてやる！」

「お母さん！　どしたの？　落ち着いて！」

「皆、根絶やしだ！　根絶やしにしてやる！」

普段は穏やかな母親とは思えぬ恐ろしい形相に、鈴木さんは腰を抜かしたという。

母親の奇行は毎晩続き、鈴木さんは憔悴《しょうすい》していった。

認知症も疑い、病院で検査したが脳に異状は見られなかった。

母親自身も夜中の奇行については、何も記憶がないという。

「お母さん。どすればいいの？　どせばいいんだ」

「鬼の絵だ。鬼の神様怒ってらんだ。鬼の神様ごと描いてもらえ」

カミサマの顔つきになった母親が神託を受けたかのように放った言葉に、鈴木さんは他県の兄弟たちと鬼の絵を描いてくれる絵師を捜し回った。

すると名古屋に住む鈴木さんの兄が、依頼を引き受けてくれる絵師を見つけ出した。直ぐに絵を依頼したが数日後、絵師から思いもよらぬ言葉が返ってきた。

「無理です。描くことは出来ません」

理由を聞くと何度、鬼を描こうとしても筆が進まないという。

鈴木さん兄弟は他の絵師にも依頼したが、どの絵師も「筆が進まぬ」と同じ理由で、鬼が描かれることはなかった。

その矢先、名古屋の兄が自分の子どもの結婚式で倒れ、急死する。

続いて他の兄弟も大病を患《わずら》い入院した。

相次ぐ不幸に恐ろしくなった鈴木さんは再び、母親に相談した。

「弘前の西さ行げ。そごさ鬼の神様ごと描ける絵師がいる」

この母親の言葉を受けて鈴木さんは、当てもなく弘前を訪れて絵師を探した。いろいろ聞き歩き、たどり着いたのが八嶋さんだった。

「わがりました。お引き受けします」

「ありがとうございます！　先生よろしくお願いします」

涙を流して頭を下げる鈴木さんを宥《なだ》め、必ず鬼を描くと約束し、秋田に帰した。

八嶋さんは、鈴木さんの徒《ただ》ならぬ依頼に、直ぐさま筆を持った。

しかし八嶋さんも、いざ鬼を描こうとすると筆が止まる。

（おかしい……下絵も描けているのに……）

イメージした鬼が違うのか。そう考えた八嶋さんは筆を置くと、ある場所へ向かった。

津軽鬼信仰の一つ、鬼沢《おにざわ》の鬼神社。

鈴木さんの母親は、この神社に桜の木を奉納している。恐らく岩木山《いわきさん》の鬼伝説が残る鬼神社の鬼神を祀《まつ》っていたのだろう。

（あそこに行けば、何かわかるべ）

鬼神社を訪れた八嶋さんは、境内をはじめ拝殿の中も隈《くま》無く見て歩いた。

しかし、八嶋さんの頭にピンとくる物はなかった。

（ならば、桜だけでもスケッチしていぐか）

鬼の掛け軸の裏には、鬼神社に奉納した桜の木が描かれていたからだ。

八嶋さんは、桜の木全体が見える位置でスケッチブックを広げた。

桜の木とスケッチブックを交互に見ながら、手早くスケッチを始める。

すると突然、桜の木の後方に腰の曲がった老夫が現れた。

（どこから来たんだ？）

老夫と目が合ったような気がしたので、会釈すると向こうも軽く頭を下げる。

再びスケッチブックに目を落とし、ペンを走らせた数秒後だった。目線を桜に戻すと老夫は八嶋さんの二メートルほど前まで来ていた。

「面っこ《かお》シワだらけで、まなぐぎろっとしていで《目がギョロッとしていて》、ゲラ《みの》着てらんだ。そのゲラ、木の皮ごと薄く剥《は》いで繋げた変わったゲラだったんだいの」

八嶋さんは老夫の奇妙な格好と、信じられない速さでの移動に気味が悪くなった。

急いで、その場を去ろうとペンを置いた時、老夫の姿はどこにも見当たらなかった。

「まんず《まあ》、ざわっとしたね《ぞっとしました》す」

その晩、八嶋さんは気を取り直し、再び白紙に向かい筆を持った。

すると不思議なことに、筆はどんどんと進んで行き、瞬く間に描き上がった。

完成した絵に描かれた鬼は、鬼神社で出会った奇妙な老夫にそっくりだった。

数日後、表装を終えると、鈴木さんへ直ぐさま電話で報告する。

「ありがとうございます。直ぐに、お迎えに伺います」

八嶋さんは鈴木さんの『お迎え』という言葉を聞いて、神聖な仕事をしたという気持ちになったという。

後日、八嶋さんの元を訪れた鈴木さんは、完成した鬼の掛け軸を見て泣いて喜んだ。

「この絵です！　まさしくこの鬼です。ありがとうございます。本当に先生にお願いして良かったです」

何度も頭を下げ、礼を言う鈴木さん。

「早く、お母さんに見せてあげへ」

鈴木さんは掛け軸を大事そうに抱えると、秋田で待つ母の元に急いで帰っていった。

数日後、秋田に戻った鈴木さんから連絡が来た。

鬼の掛け軸を見た瞬間、母親は涙を流して喜んだという。

「鬼の神様が、八嶋先生さ描かせたんだなぁ」

鬼の掛け軸に向かい、手を合わせ何度も深く頭を下げたそうだ。

その晩から母親の奇行はなくなり、入院している兄弟たちも快方に向かっているという嬉しい知らせだった。

鬼の掛け軸を大事に拝み続けた鈴木さんの母親は、三年後に天寿を全うした。

そして、棺には八嶋さんの描いた鬼の掛け軸を入れて見送ったという。


鈴木さんは後に、剃髪して仏門に入った。

鬼の掛け軸が鈴木さんの人生を変えたのだった。

「あの絵っこは、神様さ描かされたんだべなぁ」

ストーブの火を見つめながら語る八嶋さんの、絵師としての人生にも大きな足跡を残した。

# 古釘

鶴乃大助

「オメさだけ話しとくことがある」

秀美さんは子どもの頃、母方の祖母から、ある話を聞かされた。

母の実家のO家は、日本海に面したA町にあり、集落の豪農として栄えてきた。

昭和五十年に入って間もない頃、O家の敷地にある大きな桑の木が、道路整備のために切り倒されることになった。

「桑の木はオシラサマにもなる神聖な木だ。捨てるんだば、もったいね」

信心深い祖母は、切り倒された桑の木から臼《うす》を作ろうと職人に頼んだ。

作業を進め、桑の木を切っていくと、桑の木から信じられない物が出てきて大騒ぎになった。

桑の木の中から出てきたのは、数十本の古い五寸釘。

木の表面には傷もなく、釘が木に埋まっている形での発見に、職人は気味が悪いと怖がり、作業は中断された。

祖母は桑の木の中から出てきた釘を持って、すぐさま日頃から頼りにしているカミサマ

(民間信仰の巫者《ふしゃ》)の老婆を訪ねた。

「これは、オメだちO家さ、恨みあるヤツの仕業だな」

カミサマが告げた内容はこうだった。

「囲炉裏《いろり》の火に、オメだの先々代の主が、何か書かれた紙を焼《く》べてる。そして汚い格好した貧しいオナゴが泣いているのが見える……」

「悔しい……悔しい……O家ば末代まで呪ってやる! 滅ぼしてやる! おっかねえツラっこしてオナゴがしゃべってらじゃ」

どうも女性は先々代の主に騙されて、身売りされたらしい。

「釘はオラが預かる。したばって、このオナゴなんとかさねばオメだの家さ良くねえな。呪いはオラには、どうにもできね」

こうして釘はカミサマに預けられたが、呪いはかかったままだという話だった。

「O家は、男が長生きできないんです」

秀美さんは大人になり、このことに気づいたという。

きっかけは、相次ぐ母方の従兄弟《いとこ》の死からだった。

現在、秀美さんの母方の従兄弟で、男は誰も生きていない。

全員、成人になる前に、病や事故で亡くなっている。

不審に思った秀美さんは、先祖を調べることにした。

秀美さんの母は六人姉妹で、男兄弟はいない。

今は亡き祖母の家を継ぐのは、長女夫婦。長女にあたる叔母が婿を取っている。

だが、祖母は男の子を数人産んでいた。

死産か、障がいを持って産まれた男の子は直ぐに亡くなっているのだった。

さらに調べると、曾祖父の代も男が長生きしていない。

唯一、長生きした祖父にあたる母の父も事故で亡くなり、天寿を全うしたとは言えない最後だった。

親戚の中には不思議がる者もいたが、秀美さんは祖母からの教えを守り、女の呪いの件は、誰にも告げることなく胸の奥に仕舞っておいた。

しかし、三年前に秀美さんの母が脳疾患で倒れたことで、変化が起こる。

秀美さんは病床の母を心配し、嫁ぎ先の菩提寺に御祈祷《ごきとう》をお願いした。

菩提寺は日蓮宗で、熱心な上人様の御祈祷を頼る人が後を絶たない。

秀美さんは上人様に母の病気の事を相談すると、意外な答えが返ってきた。

「呪いだな。あなたのお母さんの家系にまつわる呪いだ」

秀美さんは驚き、上人様に祖母から聞いた呪いの話をすべて話した。

「その女だ。呪いが、お母さんやあなたにも影響をおよぼしている。あなたも体の具合が悪いだろ?」

実際、秀美さんは何度も大病を乗り越え、その時も病を患《わずら》っていた。

「すぐにでも祈祷を始めるが一回では終わらないぞ。根が深いからな。何度も何年もかかるかも知れない。それでもいいか?」

「よろしくお願いします!」

秀美さんは、子どもや孫のためにも自分の代で、呪いを断ち切ろうと決意する。

「それでは、祈祷にO家の土が必要だ。土を一掴みでいい。持ってきてくれないか」

事情を知った旦那さんと娘さんも協力し、秀美さんはA町のO家に向かった。

叔母には御祈祷の件は心配をかけるので、伏せることにした。

秀美さんが家の隣にある墓地に墓参りに来たと叔母を訪ねている間に、旦那さんと娘さんは、O家の敷地内で土の採取に取りかかった。

ところが、コンクリートで綺麗に整地された敷地内に土は見つからない。

しかたなく裏の畑へとまわる。

「急いでお父さん！」

「うん！　この辺の土でいいべ」

畑の土を袋に詰めようと目線を地面に移した時、二人は同時に「あっ」と声を上げた。

赤く錆びた古い五寸釘が一本――

それは現代の洋釘ではなく、明治初期まで使われていた和釘で、その場に落ちているということが異様だった。

O家の土と釘は寺に持ち込まれ、直ぐに御祈祷が行われた。

コロナ禍で、何度も中断された御祈祷は続き、今も秀美さんは呪いと闘っている。

祖母が何故、秀美さんにだけ呪いの話を教えたのか真意はわからない。

しかし、幼い時にカミサマに霊力があると見込まれていた秀美さんなら、呪いを断ち切ることができると託したのだろう。

# 迎え火

鶴乃大助

三方を海に囲まれた青森県の魚村では、村により古くから様々な風習がある。

下北半島の漁村で産まれ育った和田さんが、村の風習について語ってくれた。

和田さんの村では海で誰かが行方不明になると、夕方に浜で大きな火を焚《た》き、家族や親戚、菩提寺の住職が海に向かって手を合わせ、念仏を唱える。

そして、その日の晩に住職が行方不明者の家に一晩中いるのだ。

すると、必ずと言っていいほど、翌日に行方不明者の遺体が見つかるという。

ある者は浜に打ち上げられ、ある者は海の中で……。


四十年ほど前、和田さんが小学五年生の頃だという。

夕方、友達数人と学校からの帰り道を歩いていると、浜辺に大きな火が焚かれているのを見つけた。

「誰がいねぐなった！」

火が焚かれている浜へと駆け寄ると、住職を先頭に数人の大人が寒風吹き荒れる中、海に向かって手を合わせ、必死に念仏を唱えている。

よく見ると、大人達は和田さんが知った顔ばかりで、和田さんの両親もその中にいた。

(隣の家のおっちゃ《叔父さん》だ……)

大人達の顔ぶれを見て、親戚にあたる隣家の漁師、仙吉おじさんだと和田さんは悟った。

友達に別れを告げると和田さんも両親の隣で、おじさんの無事を祈り手を合わせた。

その晩、仙吉おじさんの家には親戚や、おじさんの友人が続々と集まってきた。

居間には、心配そうな顔の家族と一緒に浜で見かけた僧侶もいた。

「船は見つかったばって、姿ねがったど」

「海さ落ちたんだば、この寒さじゃ助かんねんな」

大人達の会話を盗み聞きした和田さんは、仙吉おじさんの死を予感した。

何故なら、浜で焚かれた火の翌日には、遺体が見つかるという光景を何度も見てきたからだ。自分の家に戻り床に就くが、釣りを教えてくれた陽気な仙吉おじさんの顔が頭をよぎり、なかなか寝付けなかった。

翌朝、和田さんが目を覚ますと家人は誰もいなかった。

外では大人達が慌ただしく仙吉おじさんの家を出入りしている。

ようやく、その中に母親を見つけた。

「母っちゃ。どした？　なんかあったんだが？」

「仙吉さん見つかったんだ。これから忙しくなるはんでの」

やはり仙吉おじさんは遺体で見つかった。そしてバタバタとした数日が過ぎ、葬式が終えるのを待っていたかのように厳しい冬が訪れた。


冬休みのある日の午後、コタツに入り祖母とテレビを見ていた時、和田さんは祖母に浜で焚かれる火の風習について訊いてみた。

「ばっちゃよ。なんで浜で火焚けば、死んだ人見つかるんだ？」

「んだなあ。仙吉がいねぐなった日のことしかへる《教えよう》が」

仙吉さんが行方不明になった日の夜、沢山の人が心配して集まったが夜遅くには大半の人が帰り、仙吉さんの家族と和田さんの家族、数人の親戚、そして菩提寺の住職だけが家に残った。

真夜中を過ぎた頃、玄関の戸を激しく叩く音が聞こえてきた。

皆は息をのみ、顔を見合わせ恐る恐る玄関に向かった。

ドンドンドン！　ドンドンドン！　ドンドンドン！

誰かがスリガラスの引き戸を叩いているが姿は見えない。

「誰だ？」

住職が落ち着いた声で問う。

「オラだ……オラだ……開けでけろ……さみい《寒い》……開けでけろ」

声の主は仙吉さんだった。

「アンタ！　アンタだが？」

「やめれ。魂っこだ」

奥さんが慌てて戸を開けようとするのを住職が制止する。

「仙吉さん。いいかオメは海で亡くなったんだぞ。魂だけ帰ってきてもまね《ダメだ》」

戸の向こうが静かになり、風の音だけが聞こえる。

「よく聞け。明日、どした形でもいいから姿見せろ。体と一緒に帰ってこい。そしたらオラが、ちゃんと上げてやるから」

住職が戸に向かって読経をあげると、仙吉さんの魂は二度と来ることはなかった。

「こったことあったんだ。仙吉の魂、あの晩に来たんだね」

祖母が語る、あの晩の出来事は、小学生の和田さんにとって強烈だった。

「いいが、火っこ焚ぐのはな。海でいねぐなった人さ家こっちだと、しかへてる《教えてる》んだ」

和田さんの目を凝視して、低い声で語る祖母。

「死んでまってれば、魂っこだけ帰ってくることあるはんで、和尚様に死んだこと教えてもらうんだ。そせば必ず死んだ者が見つかるんだ」

海と共に生きてきた村の風習について、和田さんは初めて知った。

下北半島の西に面する陸奥湾の対岸の津軽の漁村でも、海で亡くなった人『モンジャ』が浜で焚かれた火にあたりに来るという話がある。他の漁村でもモンジャに関する伝承は数々残っている。

和田さんの村の風習もモンジャに関するものなのかは不明だが、風習の中に起きた怪異として希有《けう》な話であろう。

# 悪習

葛西俊和

　現在ではその面影も既に残ってはいないが、かつては弘前市に色町が点在していた。昭和初期、遊郭にてあった話だ。

　雪解けが始まった春先のことだ。遊郭を取り仕切る主人と話をしたいと津軽地方に住むKという男が訪ねてきた。Kはこの遊郭の常連でもあり、主人は顔を見ると奥の小座敷へ通し茶を出した。Kは畜産業で一山当てた男であり、以前は弘前の色町でも有名な遊び人であった。それがどうしたものか昨年の春先を境に急に姿を見せなくなったので、主人は少しばかり気にかけていたのだった。

　どうだい調子は、と主人が水を向けるとKは暫《しば》し沈黙し。

「ワ、今度、祝言《しゅうげん》を挙げることになったんだば」

　と絞り出したような声で言った。軒先で顔を合わせたときからKは落ち着きがなく、何か心ここにあらずという様子だった。主人はKが何か訳ありで来たと見抜いていた。

「そいだばめでてぇことだばな。しかし、なしてそんな浮かねぇ顔してんだば?」

「ワの村には掟があってでよ……」

Kが住む村は内向的な性質の土地柄であり、古い慣習が根強く残っているのだという。その内容というのが、村の外から嫁を迎え入れた夫は祝言を挙げた夜、嫁を村はずれの納屋《なや》に一晩寝かさなければならないというものだった。

結婚初夜の一晩、夫は何があっても嫁の眠る納屋に近づいてはいけない。そして、翌朝戻ってきた嫁に昨晩のことを聞くのも許されないという、おぞましいものだった。

村の祝言では代々行われてきたこの慣習、破ったものは当然村八分にされる。田舎で村八分となれば、すなわちそれは一家の破滅を意味していた。

「ワは、嫁ッコがめごくてまい。アイの泣く顔だっきゃみだくねぇし、納屋に寝かせるのも嫌だ。でも、村の掟は破れねぇ。だはんで御主人よ。ワの頼みとば聞いてけねが」

Kの頼み事は、嫁の変わり身を立てることだった。遊郭にはユリという遊女がおり、彼女の身丈と体格はKの嫁とほとんど変わらないのだという。

「しかしよぅ、顔《ツラ》が全然違うべさ」

主人がそう言うと、Kは納屋に男衆が来るときは明かりを灯さないという決まりになっているから大丈夫だと説明した。暗闇の中でお互いの顔を見ないようにする習わしがあるのだという。Kは懐《ふところ》から札束が詰まった封筒を取り出すと、主人の前に差し出した。

「べご売ってこさえだ銭っこだ。礼はしっかりドする」

Kの気迫と目の前に置かれた札束を見て、主人は暫《しばら》く唸《うな》ったのちに首を縦に振った。すぐさま主人はユリを呼びつけ座敷へ座らせると、Kの村の話をした。話を聞かされたユリはおっかねぇと怯《おび》え、Kの村に行くのを嫌がったのだが、主人は強い口調でユリのことを叱り、対照的にKは穏やかな口調でお願いをし、幾ばくかの金をユリの手に握らせるとうまく丸め込んでしまった。

それから間もなくして、村ではKと嫁の祝言が挙げられた。

祝言の日の日没、ユリは一人の小僧を連れて、夕暮れに紛《まぎ》れるようにして村へと訪れた。村はずれの納屋まで行くと、ユリは小間使いの小僧にどこかで朝まで暇を潰しておいでと、小遣いを渡して追い払った。

小僧は畑小屋を見つけると、そこで夜を明かすことにした。小僧は言いつけを守って畑小屋で朝まで過ごし、朝になるとユリを納屋まで迎えに行った。

戸板の前で小僧はユリに声を掛けたが、返事がない。仕方がないので戸板を開けて中を覗き込むと、黒くて大きな塊《かたまり》が戸板の隙間からするりと抜け出て、小僧の足元を通っていった。それはあぜ道へと駆けていくとぴたりと足を止め、小僧のほうへ振り向いた。

黒々とした毛を持った大柄な狸であった。狸は口を大きく開けてあくびをすると、ぷいと前を向いて駆け出していった。小僧は納屋の中を探したがユリの姿はどこにもない。

秘密の仕事で訪れている手前、村の中を探すことも村人たちに聞いて回ることもできず、困り果てた小僧は遊郭へ一度戻って主人に相談することにした。小僧が遊郭に戻ると、なんとユリは先に戻ってきているという。驚いた小僧がユリの部屋へ行くと、彼女は何があったか聞かせてくれた。

昨晩、小僧を追い払ってすぐのことだった。納屋に一人きりになったユリは心細くなり、この先のことを悲観して泣いていたのだという。すると、戸板の向こうに何者かの気配を感じた。

「晩ゲに娘っ子泣いデラ、ナシテ、泣いデラガ?」

戸板の向こうから老人の声がした。少しだけ戸板が動き、隙間ができるとそこから月明かりが差し込み、ユリには戸板の向こうに居るものが見えた。

僅かな隙間の先には青白く光る眼が見えた。瞳が四つ、宙に浮かぶようにありユリを見つめていた。それを見ているとユリは頭がぼんやりとしてきて、気が付くと口が勝手に動いては自分がなぜこの納屋にいるのか、事の経緯を話していた。

「帰《ケ》りてぇか?」

ユリの話を一通り聞くと、四つの目は優しい口調でそう言った。

ユリが首を縦に振ると、戸口の隙間から霧のようなものが流れ込み出し、あっという間に周囲を白く包んでしまった。ユリが驚き立ち上がると同時に、床の感触が消えてしまった。上下の間隔を失いユリはふわふわと納屋の室内で浮かんでいた。

強い力で上に引かれるような感覚が背中を走ったかと思うと、足の裏が固いものに触れて浮遊感が消えてしまった。周囲を包んでいた白い霧のようなものは消えており、目の前には土埃《つちぼこり》が舞う地面があった。

ユリが頭を上げるとそこは弘前の色町の一角だったという。

夜半に帰って来たユリの話を聞いた主人は、仕事が嫌で逃げてきたユリの作り話だと思い、約束を破られたKが怒り狂って怒鳴り込んでくるのではと恐れていたが、後日遊郭を訪ねてきたKはすこぶる上機嫌であり、和菓子や酒といった大量の手土産を主人に贈ると、ユリの仕事は見事なもので村の男衆も大変満足した、おかげさまで嫁も村に無事馴染むことができたと、深々と頭を下げて礼を言った。

これを受けて主人はユリの話を信じることにし、ユリは折檻を受けることもなく今回の一件は不問となった。

Kが遊郭を去った後、小僧はユリに納屋で大柄な狸と会った話を聞かせた。

「神様がワの代わり身を立ててくれたのかもしれねなぁ」

小僧の話を聞いたユリは小さく笑った。

それから少しして、色町に定期検診に来た医者がKの住む村で毛じらみが大量発生しているという話をした。野生生物が持つ強力な毛じらみが村の男たちに寄生し、村中に蔓延したのだという。

この毛じらみ騒動は暫くの間続き、Kもまた随分と苦しんだという。

# 内

葛西俊和

「仕事だと、割り切ってはいるのだが。参ったよ……」

久方振りに会ったNさんは少し元気がなかった。

以前よりもやつれたようで、目の下に隈《くま》ができていた。あまり良く眠れていないのだと
Nさんは溜息をついた。

私が「大丈夫か？」と訊くと、Nさんは煙草の煙を目一杯吸い込んだ。

「仕事柄、慣れたものさ。昨日、お祓《はら》いに行ったから、もうじき良くなる」

Nさんは青森県警に所属する警察官だ。業務では日常的に死体を扱う。

仕事柄なのか、それとも彼の体質なのかは分からないが、勤務中に不思議な体験をする
ことが多い。

そういった出来事があると、体調を崩すことがあるのだという。

「ついこの間、火災報知機の警報通知が交番に届いたんだ」

火災通報、所轄の一軒家からだった。

Nさんは同僚と共に現場に向かった。

現場に到着すると、間もなくして救急隊と消防隊もやってきた。時刻は深夜であり、赤色灯を回しているので、野次馬が徐々に集まってきていた。

火災報知器が反応を示している一軒家を観察してみるが、煙や火は目視できない。物が焼けている臭いも感じられない。

Nさんは玄関のドアを開けようとした。ドアには鍵が掛かっており、インターホンを押してみるが反応は無かった。

呼びかけを行いながら、窓から屋内の様子を確認しようとするも、雨戸のシャッターが下ろされており家の中の状況はわからなかった。

照会情報が本部より届き、家の住人の情報がわかった。

住人はMD（精神疾患者）であり、通院歴があった。自殺を図っている可能性が高く、事態は切迫した状況にあると考えられた。Nさんと救急隊は玄関ドアの破壊を行うことに決め、ハンマーやドリルを持って集まった。

Nさんがハンマーを振りかぶった時だった。

カキンと金属音が響いた。

ドアの前に集まったNさんたちは動きを止め、救急隊員のひとりがドアノブを回すと、ドアはすんなりと開いた。

玄関先に人の姿は無かった。三和土《たたき》には埃《ほこり》をかぶった靴が一足置かれており、家の奥に続く廊下は暗闇が立ち込めていた。照明のスイッチを押しても反応がなく、電気が止まっているようだった。

Nさんたちはハンドライトの明かりを頼りに室内を探索した。家の中は至るところに埃が積もっており、脂《あぶら》っぽいような悪臭がした。

それだけではなく、重苦しい空気が家中に充満しており、現場慣れしたNさんでも緊張させるものがあった。嫌な汗が額からこぼれたとき、二階を捜索していた救急隊の隊員が無線を送ってきた。

『要救助者を発見、応援を求む』

Nさんが要請を受けて踏み込んだのは、二階の寝室だった。そこにはクローゼットがあり、その前で救急隊員が立っていた。

中から物音が聞こえ、問いかけたところ、返答があったのだという。

隊員はクローゼットの引き戸を開けようとしたが、内部から固定されているようで開かなかった。

Nさんはバールを持ってくると、引き戸の隙間に差し込み扉を破壊した。

クローゼットの中には黒い塊《かたまり》があった。一瞬、それがなんなのかNさんはわからなかったが、鼻先につんとくる刺激臭で察しがついた。

クローゼットの中にあったのは、ミイラ化した住人の死体だった。

「返答があったんです……。出してくれって……」

Nさんの隣に立つ隊員の顔が青ざめていた。


鑑識の結果、住人は死後二ヶ月が経過していた。死因は餓死であった。それだけならば変死ということで割とよくある事例だった。

しかし、Nさんが気にかかっていることは別にあった。

「クローゼットの引き戸は内側からも開くように取手が付いていた。そこに、ベルトが巻き付けられていて、開けられないようにしていたんだ」

鑑識班が現場にやって来て、調査をしたところ、クローゼットの引き戸に大きさの異なる大量の引っ掻き傷が見つかった。その奇妙な引っ掻き傷は、人間の爪によってつけられたものである可能性が高いという。

奇妙なのは、それらが全て外側についていたことだった。

「出られなかったのなら、傷は内側につくものだろ。それが、外だけについている。あまり考えたくないが……」

ミイラ化した住人は、なにかを怖れてクローゼットから出られなかったのではないか。

そう思いついてからNさんは眠れなくなったのだという。

# 深浦町、海

高田公太

妻と二人の子供と共に海水浴へ来たはいいものの、村本さんはカナヅチで、ひたすら砂浜に敷いたビニールシートの上で賑やかな人混みを観察するばかりだった。

波打ち際で遊ぶ家族が、目の前を通り過ぎる人々の間から見え隠れする。

目に入る誰もが楽しそうだ。

陽射しが強く、風の少ない日だった。

起こしていた上半身を倒し、瞼《まぶた》を閉じる。

午前中からの運転疲れからか、眩《まぶ》しさに負けない眠気を感じていた。

少しだけ寝ようか、とも思ったが起きた時の気怠《けだる》さを想像するとそれもよくない気がする。やはり目は開けていよう。パラソルでもあればいいのだが。

「あっ」

仰向けの自分を見下ろしていたのは、古風な青の浴衣姿が場に似つかわしくない、見知らぬ男だった。

ああ異常者だ、と思った。

いでたちの奇異さもさることながら、むしろ大きく見開かれた目とぴくつく唇がまさしくそんな具合に見えた。

しかも団子鼻にその目と口が寄っているせいで、全体的にぎょっとさせられる。

「なんですかあ！」

村本さんは寝転んだまま大声で男を牽制《けんせい》した。

「失礼な人ですね！　なんの用事ですかあ！」

これだけ人がいると誰かが自分に加勢してくれるだろうし、何事かがあっても目撃者も多いだろう。男は刃物の類を忍ばせているようにも見えなかった。

「え？　え？　うわあ。なに？」と声を漏らしながら周囲を歩く人がこちらをちらちらと見ている。

男にまともな感覚があれば即座にこの場から逃げそうなものだが、微動だにしない。

やはり自分の頭の横に二の足があり、表情ひとつ変わっていない。

村本さんは一度身体を横にずらしてから立ち上がった。

不平を言って通じる相手でもなさそうだし、警察沙汰というのも至極面倒である。

こちらから暴行を加えたら本末転倒だ。

ここはさっさとビニールシートと荷物を抱えて家族を呼び、男の様子を見るのがベストであろう。

というわけで、ビニールシートに手を伸ばしながら一瞥《いちべつ》をしてみたところ、男のぴくつく口の端からちゅるんと、小魚が一匹飛び出した。

そして村本さんの「あっ」を合図にしたかのように男の口がゆっくりと開かれ、さらに小魚がどばどばと出てくる。

まるで大網で捕らえた魚が水揚げされているようだ。

あっという間に男の足音に小魚の山ができ、その全てが身をうねらせている。

異常者も異常者。いや、こちらが思う異常者の枠を超えている。

にもかかわらず、周囲を行き交う人はこの事態に足を止めない。

自分も周りに便乗してこの場を去るべきだろう。

妻のバッグを抱え込み、ビニールシートの端を掴んだまま家族の元へ小走りで向かった。

最後に振り返った時には、男の口から今にも産まれそうな大きな魚の半身が出ていた。

「やべーものを見てしまった」

妻に見たことを話すも、相手にされなかった。

# 弘前市内のラブホテル

高田公太

岸本くんは二十代前半の頃、友人カップルとのダブルデートの最中にそのラブホテルに入った。

当時はラブホテルにカラオケ設備が導入されはじめたことで、宿泊をせずにカラオケボックス代わりとして客室を利用する若者グループが多かったのである。

カラオケとお喋《しゃべ》りを楽しんでいると岸本くんの彼女が突如静かになり、俯《うつむ》いたまま身体を震わせだした。

「おい、どうしたんず?」

「……ついよ……つい……」

「つい、どうしたの?」

「あつい!　あつい!」

つい先ほどまで黙りこくっていた彼女が、今度は必死の形相で顔を撫で回し、「熱い、熱い」と喚《わめ》いている。

確かに軽い酒宴の様相とはなっていたが、下戸の彼女は一滴もアルコールを口にしていないはずだ。

「熱い！　熱い！　熱い！」

両手で顔を撫でる動作に加えて、上方に怯《おび》える動作が加わった。

「上から来てる！　上から来る！　熱い！　熱いよ！」

救急車でも呼ぶべき事態に思えたが、岸本くんは以前彼女が「私はちょっとそういう、、、のを感じやすいところがある」と話していたのを覚えていたので、ひたすら宥《なだ》めてその場をおさめた。

危機感より困惑が勝った心持ちだったそうだ。

しばらくすると彼女は落ち着き、一同は解散した。

岸本くんがかつてそのラブホテルの上階で大きな火事があったことを知ったのは、数年後のことだった。

# 北酒場

高田公太

その日、私は弘前市鍛冶町《かじまち》の友人が経営するバーにマックブックを持ち込み、執筆作業をしていた。

深夜に差し掛かった頃、四十～五十代前半と思しき男女が入店し、マスターは「この人、怪談作家なんです」と私を二人に紹介した。

どうも二人は常連であるようだった。

女性は相当に泥酔しており、呂律《ろれつ》がまわらなかった。男性もそこそこには呑んでいるようだったが、女性が私から失礼ととられそうな物言いをするたびに平身低頭で謝罪をしていたので、さほど酔ってはいなかったのだろう。

「あたし、アル中だはんで《だから》」

彼女はそう言った。わたしは、そうですか、などと相槌を打ってはみたものの、聞くと言葉のあやではなく、しっかりと医者から診断を受けた上での発言であるようで、少し居心地が悪くなった。

「あたし、おばけとか見るタイプじゃないから」

泥酔状態と実話怪談の相性は最悪だ。

自分のことを考えても泥酔状態の注意力散漫、記憶の混濁《こんだく》、現実の捻《ね》じ曲げ力たるや言うまでもない。そんな状態で何かが起きたところで、「これは怪異だ」とは到底言い難いのだ。

「でも、一回だけへーんなのとば《を》見たことあって……」

せっかく怪しい商売をしている私に興味を持ってくれたのだからと、またも私は適当な相槌を打って話を促《うなが》してしまった。

「そん時も、あたし酔っ払ってらんだ《た》けど。あたし、アル中だから……」

彼女が「アル中だから」と悲しい笑みを私に浮かべるのはこの短時間で何度目のことだろう。そして彼女はこれまでに何百回その言葉を口にしたのだろう。

彼女の体験談に話を移そう。


ある晩。

彼女はいつものようにしこたまに飲み回り、そのまま朝を迎えようかという頃。

開いている店はもうここしかないだろうと、馴染みの小さな居酒屋に入った。

店内にはカウンターに見知らぬ中年男性が一人と、腕組みをするマスターのみだった。

「おう。いらっしゃい」

マスターは彼女を確認するなり急にスイッチが入ったように挨拶をした。

「酔っちったよ」

「それはいつもだべ」

コの字カウンターの入り口近く、コの短い線にあたる席に腰掛けた。

「何飲む？　そろそろ水がいいんじゃないかい」

「水はやだ。水割り、水割り」

脱いだ上着を隣の空席に置き顔を上げると、いつの間にか先客の男が自分の席近くに移動していた。まったく記憶はないがひょっとしたら過去にどこかの店で会ったことがある人なのかもしれない。名も知らぬ人と語り合うのは盛り場の楽しみのひとつだ。

とはいえ、楽しい時間はよく忘れる。

しかし、嫌な時間ほどよく覚えている。

男の目線はこちらに向いておらず、顔の向きもほとんど正面を捉えていた。御愛想でもしようかと思ったが、いざ話しかけようにもその佇《たたず》まいに隙が感じられない。柔和《にゅうわ》な顔つきで、この時間の客にしてはかなりまともな状態を保っているようだ。

マスターはこちらにばかり話しかけてくる。

先客は完全に放ったらかしだった。

彼女はトイレに行こうと席を立った。

なんとなしに、ちらっと顔をマスターから背けると今度は真横に男が立っていた。

少し驚きつつ、また顔を前に向けると男はまた元の席に座っている。

トイレから戻ると、今度は自分から一番遠い席に男はいた。

「マスター」

「なんだい」

「このお客さん、変じゃない？」

「どのお客さん」

「この先にいたお客さんよ」

誰もいないよ、怖いことやめてよ、などと言われた。

店内の自分が目を向けた所々に瞬間移動をしている男がいて、しかもそれがマスターに見えていない。

この店でそういう噂は一切ないからね、とも言われた。

今、絶好調に酔っ払っている。

だからこそ、この男がはっきり見えているものの、紛《まぎ》れもない幻覚だろう。

「あたしアル中だから。だからそんなのが見えたんだと思うんだよね」

話し終えると、また彼女の口元が悲哀の形に歪《ゆが》んだ。

「幻覚はよく見るんですか」と私。

「いやあ。その時一回だけ」

「そうですか。じゃあそれは幻覚じゃないかもしれませんね」

「え、でも」

「だって、その時一回だけなんでしょう。なぜその時ばかりは幻覚ということになるのですか。あなたは今も酔ってらっしゃいますが、私も幻覚ですか」

「そんなことは……あの男の動きはあり得ないことだったから疑っているだけで……」

「私も泥酔したことは何度もありますが、幻覚を見たことはありませんよ。勿論、それは幻覚かもしれません。その可能性はあります。とはいえ、酔っていなくても人は幻覚を見る可能性があります。物言いがおかしくなりますが、幻覚かもしれないし幻覚じゃないのかもしれません。見たのは間違いないんでしょう。ならば、いたのかも」

彼女は、だったら怖いな、と身を小さくした。

「それは怪談ですよ。あなたの体験がある。それは怪談と呼べるでしょう」

この時、私はどうにも彼女が見たものを守りたくなっていた。

たとえ酒が原因で引き起こされた、彼女の人生一度きりの幻視体験であったとしても、彼女の言葉とその男の存在を認めなければならないと思っていたのだ。

「その話、本に書いてもいいですか」

「ええ。こんなのでいいんだば《いいのなら》」

以上が、北の酒場における印象深い取材のひとつだ。

# 奥羽譚談・青森県

「青森を代表する山は」と問われれば、県外者の多くは恐山《おそれざん》を思い浮かべるだろう。けれども、県民の答えは違う。青森で山といえば〈津軽富士〉こと岩木山《いわきさん》である。

古より山岳信仰の対象とされ、現在も集団登拝「お山参詣」がおこなわれる山。三峰のひとつを岩鬼山と名づけ、鬼を祀《まつ》った神社を有する山。岩木山こそが青森の霊峰、人ならざるモノが棲まう領域なのだ。

そんな霊山の一角に湧く嶽《だけ》温泉は、延宝二年開湯という由緒正しき湯治場である。とはいえ神域であるから、怪異譚には事欠かない。湯治客の不浄で山神を怒らせぬよう津軽藩が入湯時期を規制していたとの話もある。そんな嶽温泉にまつわる江戸時代の奇談を「津軽妖異記」（山上笙介／津軽書房）から、ふたつ紹介しよう。

《田村源太兵衛という侍が湯小屋に逗留していたおり、夕暮れ時になると艶《あで》やかな女がやってくるようになった。このような深山幽谷に来るなど人ではあるまい——そう確信した源兵衛はある日、いきなり女をまっぷたつに斬ると、正体を見定めるために首を落とし、木の枝に突き刺した。だが、死骸にも首にも変化は見えない。不思議に思っていた翌日、旅の僧が湯小屋を訪ねてきてたいそう驚き、このように嘆いた。「この女は山姫といい、人間の能力を扶助する山の神霊だ。ひとつの土地に多くは棲まないと聞く。この先、優れた能力を持つ者はこの国に出てこないだろう」そう行って立ち去る僧を、源太兵衛は呆然と見送っていたが、気づくと山姫の首は消え失せており、捨て置いたままの骸《むくろ》も見あたらなくなっていたという》

《ある湯治客が食事の残りを瀬戸皿に入れて湯小屋の棚へと置き、そのまま仮眠をとっていた。すると、一匹の蛇が棚にずるずるとのぼり皿のなかを窺《うかが》っているではないか。湯治客は薄目をあけて蛇の行動を見ていたが、いよいよ皿に頭をつっこみ食べ残しを喰うと思った次の瞬間、蛇の身体が、ぽとり、と床に落ちたのである。見てみれば――蛇の頭が消えている。皿には水がわずかに溜まっているばかりで、食べ残しも見あたらない。湯治客は「あのとき皿のなかにあったすべてが融けて、水になったとしか思えない」と、たいそう不思議がったそうである》

# 岩手県

# 馬頭観音

鶴乃大助

柳田國男の遠野物語の里として有名な岩手県遠野市。

山々に囲まれ、物語の舞台となった名所が点在し、不思議な空間を醸《かも》し出している。

昭和五十年代後半、市内の保養施設T園へ続く坂道で、観光客が貸し自転車で転倒する事故が相次いで起きた。

現在四十代の義男さんの叔母、由利子さんも此の地で事故に遭う。

当時、由利子さんは岩手県内の看護学校に通い、看護師を目指していた。

十月の連休に友人二人と遠野を訪れ、市内各地の名所を貸し自転車で巡るサイクリングを楽しんでいた。

そしてT園を訪れた帰りの坂道で転倒、頭を路面に強く打ち病院に搬送されたが、意識不明のまま四日後に十九歳の若さで亡くなった。

由利子さんの事故の一年前にも同じ場所で、東京から訪れた観光客の女性が夫の目の前で転倒、六日後に亡くなるという事故が起きていた。

この他にも観光客の転倒事故が相次いでいたため、当時の地元新聞では『貸し自転車の事故相次ぐ～　行楽客、思わぬケガ』と大きく報道している。

現場は緩《ゆる》やかなつづらおりの坂道で、路面にも事故に遭った自転車にも異状が見られず、自転車の操作ミスとして記されており、行政は事故対策として坂道への自転車乗り入れ禁止に踏み切った。

由利子さんの葬儀が終わって間もなくのことだ。

義男さんの母親も含めた遺族数人が、遠野の事故現場を訪れた。

生前好きだったお菓子と花を供え、手を合わせていると近所の老人が数人、遺族の姿を見て集まってきた。

「お悔やみ申し上げんす」

老人達が頭を下げ、手を合わせる。

「ありがとうございます」

遺族も地元の人達の気遣いに、深く頭を下げる。

「やっぱり、観音様のアレでねが？」

「何言ってんだ。こった時さ！」

「観音様のアレ？」

老人達から聞こえた妙な話に、遺族が聞き返す。

「いやあ失礼した。まあ噂なんですけど、実は……」

一人の老人が申し訳なさそうに頭を下げ、語り出した。

「この道路、T園を作る時に出来だ道なんです。その時、昔からある馬頭観音の石碑を移したんだども、その後がら事故が絶えねんで、それで皆が祟りでねがど噂になってましてね」

「えっ？　馬頭観音？」

遺族全員が顔を見合わせる。

それは由利子さんの治療にあたった医師の言葉を、その場にいた遺族が思い出したからだった。

「頭蓋骨の損傷が、まるで馬に蹴られたような状態なんです……」

医師が手術後の説明で、首を傾《かし》げながら話したことを教えると、老人達は大いに驚き、必死に手を合わせる者までいたという。

その後、馬頭観音の石碑は元の場所に戻され、事故は起きることが無くなった。

「これが馬頭観音にまつわる祟りだと死んだ母が生前、教えてくれた話なんです。若くして亡くなった叔母の死を受け入れるために、祟りとしたかったのかもしれませんが」

義男さんが語った話が遠野という土地とも相まって、私は馬頭観音の石碑に興味を抱き、春の雪解けを待って遠野の現場を訪ねた。

『路傍には石塔の多きこと諸国その比を知らず』


遠野物語の序文に記されてるとおり、遠野には古い石碑があちこちにある。

現場に向かう道中も道端に建つ石碑を何基も見かけた。

当時の新聞のとおり、Ｔ園へ向かう坂道は緩やかなカーブが続いている。

見た限り特段、危険な要素も無く、ここで転倒が相次いだことが信じられない。

私は、何人かの地元の人に声を掛け、話を伺うことにした。

ほとんどが年配の方で、事故のことは全員記憶していた。しかし問題の馬頭観音の石碑の噂については四十年前のことで、当時を知る人々は既に亡くなっているという。

最後に訪ねた家の主だけは、馬頭観音碑が道路整備で移され、後に元の場所に移してからは事故がなくなったことを記憶していると語ってくれた。

そして馬頭観音の石碑は現在、二軒の家だけが信仰しているという。

私は石碑の場所を聞き、付近を散策してみた。すると道路から少し離れた水路の脇に、それはあった。

フキノトウに囲まれ、ひっそりと建つ小さな古い石碑。

自然石に馬頭観音と彫られているのが、なんとか読み取れる。

そして、驚くことにその石碑は、無残にも頭の部分が大きく欠けていた。

私の頭の中で、由利子さんの頭の傷と頭が欠けた馬頭観音の石碑がオーバーラップする。

動揺を隠しきれない私は、持参した由利子さんが好きだった菓子や飲み物を供え、手を合わせ取材を終えた。

その帰り道、遠野で車を走らせていると、猛スピードで走ってきた対向車のダンプが弾《はじ》いた飛び石がフロントガラスを直撃するという事故に遭った。

偶然だろうか、破損した位置は乗車すると頭の位置だったことを付け加えておく。

# いじわる

鶴乃大助

岩手県に住む優子さんが十年ほど前に体験した話。
「ねえ今度の週末、近場でもいいから子どもたちをどこかに連れて行ってあげようよ」
優子さんは普段、仕事で忙しい夫の孝さんに日帰りの家族旅行を持ちかけた。
二人で話し合い、行き先は県内の遊園地に決めた。
優子さん夫婦には、小学二年の長男、カズ君と次男で四歳になるタッ君がいる。
（きっと、二人とも喜ぶだろうな）
遊園地を駆け回る兄弟の姿を目に浮かべ、優子さんは週末を待った。

日帰り旅行の当日、天気は快晴で絶好のドライブ日和。
子ども達は普段、朝が苦手だったが流石にこの日は早起きした。
車で一時間半ほど走り、目的地の遊園地には午前十時ごろ到着する。
休日だが駐車場には十分な空きがあり、混んではいなかった。
昭和レトロな古い遊園地は、小さな子どもを遊ばせるには十分で、優子さん夫婦も子どもの頃から来ている馴染みの場所だ。

フリーパスを購入し、いよいよ園内へと向かう。

何度か来ているカズ君は、小さなコースターへと真っ先に走って行った。

「おーい！　カズ走らなくてもいいよ」

「お兄ちゃん待って！　僕も行く」

案の定、子どもたちが喜んでくれて、ほっとする優子さんと孝さん。

待たずに乗り物に乗れるので、次から次へとカズ君主導で遊んでいく。

「カズ君。タッ君も一緒に遊べるのにしたら？　ゴーカートに乗ろうよ」

優子さんの提案にカズ君はタッ君と手を繋いで、幼児でも乗れるゴーカートへと向かった。

兄弟以外誰もいないゴーカート乗り場。

タッ君がパトカーにしようか救急車にしようか迷う姿が愛らしい。

すると、ようやく選んだスポーツカーに乗りこもうとしたタッ君がカートから離れた。

（あれ？　まだ迷ってるのかな）

次に選んだカートでも乗り込もうとすると、カートの前で困った顔をする。

「どうしたタッ君。こっちにも車あるよ」

孝さんの呼びかけに応じて、タッ君が空いてるカートに向かう。

しかしカートの直前まで来ると、カートをじーっと睨《にら》んで立ち止まる。

「タッ君どうしたの？」

優子さんの問いかけにタッ君が泣き出して、抱きついてきた。

「どうしたの？　いっぱい車あるでしょう。一人で乗れないの？」

「意地悪なお兄ちゃんとお姉ちゃんがいるの」

「え？　お兄ちゃんとお姉ちゃん？」

優子さんは孝さんと不思議そうに顔を見合わせる。

どこを見ても、そんな子どもたちはいない。

「あのね、僕が車に乗ろうとすると横入りするの」

ゴーカート乗り場では、カズ君だけが楽しそうに走り回っている。

「大丈夫だよ。ママがいるから」

大粒の涙を流すタッ君を抱きしめ、宥《なだ》める優子さん。

その後も他のアトラクションを回るが、タッ君は優子さんから離れようとしなかった。

「ソフトクリーム食べようか？」

「うん！　食べる」

優子さんは気分転換にとタッ君を大好きなソフトクリームに誘う。

「おいしいねー」

ようやく笑顔を見せ、兄弟仲良くソフトクリームを頬張《ほおば》る姿に優子さんは安心する。

「さっきのタッ君。どうしたんだろうね？」

「あいつ、何か見えてたりして」

「やだ！　もう何言ってるの」

「ハハハハハハ」

優子さん夫婦が冗談を言えたのもここまでだった。

昼になり、遊園地を去ろうと駐車場へ向かう。

優子さんに手を引かれたタッ君が落ち着かない様子で足を急がせる。

途中、何度も後ろを振り返り、様子がおかしい。

「ママ、タッ君、早く！　焼き肉食べに行くよ」

先に車に到着していたカズ君が助手席から手を振る。

遅れて車に到着した優子さんが後部座席のチャイルドシートにタッ君を乗せようと、抱っこした時だった。

「ダメ！　ついてこないで！」

タッ君が後ろに向かって大声で叫ぶ。

ビックリした優子さんがタッ君を抱いたまま、後ろを振り向くと子どもくらいの大きさの黒い塊《かたまり》が二つ、こちらに向かって迫って来るのが見えた。

急いで車に乗り込む優子さん。

「早く！　車を出して！　早く！」

運転席の孝さんは優子さんの慌てぶりを見て、車を発進させる。

後部座席に乗った優子さんは、タッ君を膝に乗せたまま駐車場を振り返った。

そこで目にした光景は、二つの黒い塊が別の家族について行く姿だった。

「ママも見たでしょ？　意地悪なお兄ちゃんとお姉ちゃん」

タッ君が優子さんの耳元で囁《ささや》いた。

# 登山日和

菊池菊千代

岩手県の名前の由来は多々ある。そのひとつが〈神様に捕らえられた鬼が「もう悪さをしません」と、岩に手形を残して釈放されたから〉である。

その鬼が帰っていったとされるのが、岩手県矢巾町《やはばちょう》と雫石町《しずくいしちょう》の境にある南昌山《なんしょうざん》。

太古には龍が棲んでいたと云われていたり、現在でも未確認飛行物体の目撃例が頻発する県内でも有数のパワースポットだ。

教科書的には、平安時代、東北で起きた「前九年《ぜんくねん》の役《えき》」という合戦の舞台のひとつとして知られる。


南昌山の上級者向け登山コースは、岩手県の山の中ではもっとも険しいと言われる。県内の登山家の目標とされることも多く、羽生さんもその一人だった。

「仲間とせっかく休みを揃えても天気次第で中止せざるを得ないので、ヒヤヒヤでした」

その日は絶好の登山日和。万全の準備のもと、一同で念願の登頂を目指すが、ウキウキ気分も五合目で消沈したという。

下山してくる人物を見て、全員が思わず硬直した。

「いかにも落武者といった感じで」

乱れた髪を左右に振り、時折よろけながらも、ゆっくり降りてくる。

〈ガチャ……ガチャ〉と、鎧《よろい》の金属音が森に響く。

腰には古びた刀。覇気のない視線は、ぼんやり前の空間を見下ろしている。

「こちらには気づいていない様子でした」

このまま、静かにやり過ごそう。全員がおそらくそんな思いの中――羽生さんのスマホが鳴った。

落武者と目が合う。瞬間、刀の鞘《さや》を握ったのを見た。

「なんでそんな行動を取ったのかは分かりませんが」

羽生さんは咄嗟《とっさ》に、ポーチからおにぎりを取り出したという。

そして、それを供えるように掲げた。

すると落武者は一礼して、山の霞《かすみ》のように消えてしまった。

「仲間と盛り上がりました。お前すげー！　って」

ポーチの中を見ると、以前に青森で買った木の御守りが粉々に砕けており、さらに盛り上がったという。

# 効果的面

菊池菊千代

奈帆さんの実家がある岩手県南部の北上市には「鬼剣舞《おにけんばい》」という伝統舞踊や、踊る際につける鬼面を集めた「鬼の館」という博物館がある。

幼いころから「鬼」は割と身近な存在だった奈帆さんだが——。

「おじいちゃんが亡くなった後、魔除けとして送られてきた物がありました」

結婚を機に土地を離れていた奈帆さんの元に送られてきたのは、赤い鬼の面である。

厚紙を何重にも圧縮して作られたそれは、苦しんでいるような表情が印象的だった。

「〈おかしな何かに会ったらつけなさい〉と手紙に書かれていて……」

一度だけ、使ったことがあるという。


ある日。奈帆さんが夕飯の支度をしているとインターホンが鳴った。

〈帰ったよー〉

モニターに夫の顔が映る。

「おかしいんです。玄関の灯りはセンサーのはずなのに……」

点いていなかった。それにいつもなら、持っている鍵で勝手に入ってくるはずである。

「具体的に説明できないのですが……」

暗い画面に映る笑顔に、強烈な違和感を感じたという。

試しにスマホへ「お疲れ様」とメッセージを送ると「まだ残業中」と返信がきた。

——じゃあこの人は？

モニターのそれはまだ爽やかな笑顔で、

〈帰ったよー〉

同じ言葉を連呼している。

恐怖にかられた奈帆さんは、ふいに思い出して、押し入れからおじいちゃんから貰った鬼の面を引っ張り出した。

〈帰ったよー帰ったよー帰ったよー〉

躊躇はなかった。顔につけるとカビ臭さが鼻を突いたが、我慢してモニターの前に戻る。

途端、夫らしきそれは真顔になると、

〈チッ〉

舌打ちを残し、闇に消えた。

のちに電話で実家の母にこの話をすると、

「あんた、あんなお面まだ持ってたの？　私も貰ったけど、とっくに捨てたよ」

思いがけず、冷たい言葉が返ってきた。

「あれねぇ、おじいちゃんの死ぬ一ヶ月前くらいかしら。〈顔の型を取って鬼の面にする〉っていって……」

それはいわば祖父の死ぬ前の顔であった。

「それ、夜中あんまり見ない方がいいよ。怖いから」と苦笑まじりに言われて、電話を切られた。

気味が悪くなり、奈帆さんも捨てるつもりでゴミ袋に入れると、台所の隅に置いた。


〈トントン〉

翌日の夕方のこと。トイレをノックされて凍りつく。

家には奈帆さん一人である。

〈帰ったよー〉

廊下から聞こえる夫の声。

総毛立つ。慌ててトイレの鍵をかける。

まだ夫が帰る時間ではない。玄関が開く音もしなかった。

お面はキッチンのゴミ袋の中だ。

何もできなかった。

〈トントン帰ったよートントン帰ったよートントン帰ったよー…〉

それは夫が帰るまでの二時間、機械的に続いた。

奈帆さんはその間、トイレから出られなかった。


「すぐにゴミ袋から出しました」

夫は不審がったが、奈帆さんは鬼の面を玄関の壁に掛けた。

それ以来、奇妙な出来事は起こらなくなった。

「鬼の面とはいえおじいちゃんの死ぬ前の顔なので、申し訳ないけど気味は悪いです――

でも、夫の振りをして帰ってくるわけがわからない何かに比べたら全然マシ」

なのだそうだ。

# 隠し念仏

菊池菊千代

透さんは会社の更衣室で、同僚から紙袋を渡された。

中にはカセットテープ。〈隠し念仏〉と書かれていた。「何これ？」と訊くと、

「うちの爺さんの遺品です。怪談好きでしたよね？　体験型というか。ヤバいっすよ」

家に帰り、祖母から借りたラジカセで再生する。

聞こえてきたのは大勢の読経。同時に、ジャラジャラという数珠の音が流れてくる。

ふと部屋に沢山の人の気配を感じた。急いで停止する。

気配は消えた。


「〈隠し念仏〉は聞いたことがあって」

透さんの住む岩手県に古くから根付く密教的な風習だという。

入信する際は〈オトリアゲ〉と呼ばれる儀式があり、指導者が認めるまで「タスケタマエ」と何時間も念じ続ける。

信者は表向き、曹洞宗などのメジャーな宗派に属している。

「亡くなっても葬式は普通にお寺でするんですけど……」

その足で内密に故人宅に集まる。

そして念仏を唱えながら、全長数メートルもある大きな数珠を一同で回すという。

一つ、決まりがある。信仰していることを決して口外してはならない。

「〈バレたら台無し〉らしいです。災いとして返ってくるとか」

透さんも岩手に住んで長いが、信者に会ったことはないという。

「でも怪談好きとしては、お目にかかりたいじゃないですか」

一人、心当たりがあった。


透さんは介護施設に勤めている。毎朝、表紙が無地の経典を読む入所者がいた。

九十六歳になるTさんという穏やかなおばあさんである。

その朝も自室で二十分かけてお経を読んでいたが、突然やめると「この続きは、忘れちゃったの」と笑う。手に持つセロテープでつぎはぎされた古い経典は、何が書いてあるのか読み取れないうえ、途中で破れていた。

試しに訊いてみる。

「隠し念仏ってご存知ですか?」

Tさんから笑顔が消えた。

「なんで？」

「最近、聞いて、気になっていて」

彼はそっと、Tさんの卓上にあったラジカセにテープを入れると、再生ボタンを押した。

初めは驚いた様子のTさんだったが、途中から感動したように合掌し、何か唱え始めた。

〈タスケタマエ……タスケタマエ……〉

そう聞こえた。しかし、透さんはすぐに後悔したという。

大勢の気配——加えて、二人を囲むようにジャラジャラと数珠を回す音が聞こえる。

足がすくんで動けなかった。

テープが終わると気配も消えた。いつの間にか汗だくの透さんにTさんは微笑《ほほえ》んだ。

「久しぶりに続きを聞きました。ありがとう」


翌週、彼女は亡くなった。

「普通なら職員も葬儀に参列するんですけど」

家族から「コロナ禍なので」と断られた。葬儀は自宅で〈内々に〉行われたという。

# イノシシ捕獲器

菊池菊千代

瑞希さんは幼い頃、夜中に鈴の音を聞いて目を覚ました。

「父が慌てた様子で外へ行きました」

窓から覗くと、鎌を手に畑へ走るのが見えた。

「猪が出たのだとワクワクして……」

後を追ったという。

亡き祖父が作った大きな鉄格子の罠は、一辺だけゲートが開いている。中の生肉が動くと閉まる仕掛けになっており、その時は付けられた大きな鈴が教えてくれる。

「罠を見て、唖然としました」

鉄格子がヒステリックに破壊されており、破片が辺りに散乱していた。

「出た……」

父が呟《つぶや》く。

「何が？」

瑞希さんが聞くと、

「鬼」

とだけ答えた。

「あそこには近づかないように」

父と一緒に家に戻りそう言われた。そして瑞希さんは、その時になって気が付いた。

「母がいませんでした。父に聞いても口を濁すだけで……」

母が不在のまま、その夜は眠りについた。


翌朝、畑から太鼓の拍子が聞こえて目を覚ました。

窓から覗くと、鬼の風体をした数名が太鼓と弦楽器の演奏を背に踊っている。

瑞希さんの家がある岩手県北上市には、鬼剣舞という民俗舞踊が存在する。

鬼の面を被り、木刀を腰に据え、赤い衣装をまとい、舞う。

「邪鬼を祓う意味があるらしいです」

通常は祭事などで大勢の観客の前で披露されるのだが、この時の様子は違った。

布を被せられた女性が一人。男性二名に両脇を抱えられていた。

鬼の面を被った舞い手の横で、神主がオオヌサという先端に紐状の和紙を付けた棒を、女性の頭上で振っている。

端の方に父の姿がある。

「祈るように見ていました」

数時間後、何事もなかったかのように母が帰ってきた。

以降、鉄格子の罠が破壊されることはなくなったという。


時が経ち、上京先から帰省した夏の夜。

鳴り止まない携帯のバイブで目が覚めた。

「隣室で眠る父のスマホでした」

耳が遠くなり、両親とも気付いていないらしい。

バイブを止めようと、起きて隣室に行った。父のスマホを手に取ると、画面に鉄格子のライブ動画が映った。

「今は鈴ではなく、スマホが知らせてくれるらしいです」

罠の中を斜め上から映している。

暗闇に、何かいる。何がかかったのかと目を凝らすと、遅れてライトが照射されて、思わず絶句した。

「裸の男でした」

罠の中に居る男は鉄格子に手をかけ、ふいにカメラに顔を向けた。

画面越しに目が合う。

「何軒か隣のお爺さんに似ていて……」

顔が自身の血なのか、赤く染まっていた。

やがて罠の中を獣のように四足歩行で行きつ戻りつすると暴れ出し、格子を素手で破壊すると画面から消えた。

その後ろを大きな影がついていくのが見えたという。

「お爺さんはいまだ、行方不明です」

最近、実家の近くに「動物注意」の標識が立てられたと瑞希さんは言う。

# 0番線

菊池菊千代

岩手県北上市の駅には0番線が存在する。

0番線ホームがある駅は全国でも数少なく、時折マニアが一眼レフを構える姿を見かける。

改札を抜けて、ホームの左にある柱を回り込むように行くと、0番線はひっそりと存在する。

当時、高校生の高原さんにとって、そこは通学前に隠れてタバコを吸うにはうってつけの場所だった。

「0番線に来る電車は本数が少ないので、人の目を気にしなくて済むんです」

それでも曜日によっては、電車から降りてくる乗客とかち合った。

「大概はふた通りです。ゴミを見るような目で見てくるか、全く目を合わせないか」

しかし、その日は別のパターンに出くわしたという。

「初老の女性でした」

何事かぶつぶつ呟《つぶや》きながら、ホームに降りてきた。

すると、誰もいない自販機の横に手を合わせる。

次に印を結ぶ動作。

「エメラルドの数珠が印象的でした」

終わると今度は、隣接するトイレの前で一連を繰り返す。

次に女性はヤンキー座りで一服する高原さんの前へ来た。

高原さんに向かって涙ぐんで合掌する女性。

「人に拝まれたのは初めてでした」

高原さんが「なんすか？」と、睨《にら》みつけると、女性はギョッとした様子で言った。

「ごめんなさい！　あなたもオバケかと思って」


以来、喫煙場所を変えたという。

# 川べりでの出来事

高田公太

幼少の頃、彼女は頻繁に母と川べりを散歩していた。暖かな風が吹く中、川の上を漂《ただよ》う鴨の親子の如く二人はゆっくりと歩み、時に立ち止まる。

「あっ」と声を上げ、彼女は母に問うた。

「ママ、あれ河童《かっぱ》？」

彼女は好きなアニメで見知った川に生息する妖怪の名を口にした。

「ママ、あれ河童だよね」

母は娘の言葉を聞き流すつもりだったが、目線を同じくし無視できなくなった。

「河童じゃないわね……」

水面から顔を出したり引っ込めたりしているのは、真っ赤な顔の無精髭を生やした男性だった。大きな鼻は外国人を思わせる。

覚えている特徴は「真っ赤な顔、大きな鼻」のみ。

しばらく二人でその顔の浮き沈みを見詰めていると、ちゃぷん、と顔が引っ込んでから先、二度とその顔は浮かばなかった。

# ノッキン・オン・ヘブンズドア

鷲羽大介

今年七〇歳になるミツオさんが、五〇年前のことを思い出して語ってくれた話である。岩手県の沿岸で生まれ、地元にある大きな製鉄所（地元の人は「せえてっしょ」と発音する）に勤めていたミツオさんは、同じ町のデパートで働く女性と親しくなった。彼女は、同じ県のもっと北にある小さな港町の出身で、漁師の娘だったという。ほどなく、ミツオさんは彼女のアパートに招かれる仲になったが、彼女にはある奇妙な癖があったそうだ。

たとえば、外で落ち合ってから、一緒に彼女のアパートに行くだろ。彼女が鍵を開けるだろ。普通はそのままドアを開けて中に入るよな。でも、そこで必ずドアをノックするんだよ。誰もいない部屋なのに、必ずドアをノックしてから入るんだ。「何やってんの？」って聞いたら「いきなり開けたら家の神様がびっくりするから」って言うんだよ。親からそう教えられたんだとさ。

私はミツオさんのその話を聞いて、台湾にも同じ習慣があることを思い出した。

中国語圏では死霊のことを「鬼《グィ》」と呼ぶが、台湾では、ホテルや旅館に泊まるとき、部屋にいる鬼を驚かさないよう、ドアをノックしてから入るのだという。

こうして礼儀を示すことで、部屋に憑いている鬼は、客の滞在中は悪さをしないのだそうだ。異邦人にも理解しやすい、素朴でやさしい民間信仰である。

だが、日本の東北地方にそんな習慣があったとは聞いたことがない。

その港町独特の習慣なのか、それともその家だけのものなのか。

もう少しくわしい話を聞きたいところだが、ミツオさんが知っているのはそこまでだった。

その子とはすぐ別れたんだよ。毎回毎回、誰もいない部屋のドアをわざわざノックするのを見てると、なんだか腹が立ってきてな。一回、彼女が部屋の鍵を開けたタイミングで、彼女を押しのけてドアを開けてみたんだよ。ほら何もないだろ、って。

でもさ、見えちゃったんだよ。

部屋にうっすら黒い煙が漂《ただよ》ってて、それが渦を巻いたかと思うと、一瞬で部屋の隅に飛んでって、壁に染み込むみたいに消えたのが、はっきり見えたんだ。

それで、彼女がなんて言ったと思う？

「だから言ったでしょ」だって。

そしたら、なんだかこっちが急に冷めちゃってな。眼の前にいる女の、どこが好きで付き合っていたのか、もう全然わかんなくなっちゃったんだよ。俺も「そうだね」って言ってそのまま帰って、それから二度と会わなかったな。もう顔も名前も思い出せねえよ。ただ、あのとき見た黒い煙だけは、はっきり覚えてる。あれが消えたときの、なんだか寂しいような悲しいような感じは、今でも忘れられねえな。

ミツオさんの話を聞いて、岩手県には座敷わらしの伝承があることを、私は思い出していた。

# 隠し沢

葛西俊和

東北の山には『隠し沢』と呼ばれる場所がある。それは大抵、山里から離れた山の谷間に作られており、川か滝つぼに面した場所にある。行き先までの獣道に目立たない印が施されており、普通は辿り着けないようになっている。

この隠し沢というものは、かつて昔、まだ年貢制度があった時代のもので、凶作や重税によって食うものが無くなった山里の民が、生きるために食料を備蓄しておくために作ったものだ。山ぶどうやサワグルミの木といった、放っておいても食べられるものを植えた、自然の貯蔵庫なのである。

無論、隠し沢を役人に見つかると、反逆と見なされ重い刑罰を負ったため、この貯蔵庫は山の奥に秘匿され、地図などにも残すことができなかった。

山里の長老から、次の世代を担う者へ口伝《くでん》だけで伝えられていくというものであった。

マタギの芦葉さんが隠し沢を見つけたのは、まったくの偶然だった。

若い鹿を狙っていた際に仕留めそこない、逃げた獲物を追っていたら、隠し沢に足を踏み入れていた。

鹿は、サワグルミの木の下で倒れており、腹部に当たった銃創から血を流していた。苦しげに荒い息をする鹿を見て、芦葉さんは心の中で鹿に謝った。獲物を苦しめることは、マタギの世界では未熟さの表れとされており、命を頂くという行為としても良いものではない。楽にしてやろうと、腰巻きからナイフを抜くと、芦葉さんは鹿にとどめをさした。

そうして一息つくと、手についた血を沢の水で洗い、芦葉さんは辺りを見回した。不自然なほどに多いサワグルミの木、沢に面して人工的に作られたような痕跡のある水溜まり、そこに泳ぐ大量の魚。普通の沢沿いにしては、不自然なほどに人間が食べられるものが多すぎる。

山に入るようになって長い芦葉さんは、すぐにそこが隠し沢だということに気が付いた。芦葉さんは昔、年長のマタギから教えられたことを思い出した。隠し沢に踏み入った際の決まり事についてだ。

隠し沢には、守り神が祀《まつ》られているということだ。

芦葉さんは鹿をそのままに、沢の周囲を少し歩いてみた。

すると、大木の下に平たい石が積み上げられているのを見つけた。

苔《こけ》が生《む》した石の表面をなぞると、そこには古い文字が彫り込まれており、これがご神体なのだということが解《わか》った。

芦葉さんは飴玉と水筒の水を取り出すと、石の前に供えて手を合わせた。

年長者からの教えは、隠し沢の守り神に獲物をとってよいか、お伺いをしなくてはいけない、というものだった。

目を瞑《つむ》っていると芦葉さんの周囲に風が立ってきているのを感じた。それは小さなつむじ風のようなもので、芦葉さんの全身を包むように吹き、やがて止んだ。

芦葉さんがゆっくりと目を開けると、供えてあった飴玉と水筒の水が無くなっており、沢の向こうから子供が笑う声が聞こえた。

これを許しだと感じた芦葉さんは鹿の所へ戻り、解体して持ち帰ることにした。

鹿の大部分を背中のリュックに仕舞い、隠し沢を後にするとき、前方の木から半身を乗り出してこちらを覗き込むものが見えた。

それは、幼い子供であり、現代では似つかない絣《かすり》織りの服を着ていた。

山の霊は子供か老人の姿を好むと言われており、芦葉さんはその子供の目を覗かぬように、下を見続けながら歩を進めた。

やがて子供が覗いていた木の脇を通ることになったが、芦葉さんは決して目を地面から逸らさなかった。その行いのおかげだろうか、芦葉さんは迷うこともなく、山を出ることができた。

芦葉さんは習わしに従い、誰にも隠し沢の場所を教えないようにしている。

## 奥羽異譚・岩手県

地方出版の書籍や冊子に怪談を見つけ、予期せぬ収穫に小躍りすることは珍しくない。『新いわて怪談・奇談・珍談』（岩手日報社）も、そんな「お宝本」の一冊だ。

題名に〈怪談〉とついているものの、本書は岩手日報日曜版の「おはなしくらぶ」なる読者投稿をまとめたもので、多くはスズメバチに襲われた日常雑記や、戦後の回想録など他愛もない四方山《よもやま》話がならんでいる。だが、そんな牧歌的な話のなかにゾクリとしてしまう怪談がふいに登場するのだ。

今回は、数多あるエピソードから「投稿者の義父が座敷わらしに遭遇した話」を引用しよう。ちなみに文中の旧小国《おぐに》村は現在の同県宮古市周辺、かつて下閉伊《しもへい》郡と呼ばれた地域で、柳田國男『遠野物語』や佐々木喜善『東奥異聞』にも登場する。

《山田線旧小国村の知人宅に泊まったときのことです。寝室はかなり広い奥座敷の一隅で、うとうとと眠りについたころ、紺がすりを着た子供たち数人がどこからともなく現れ、まくら元であそび戯《たわむれ》れて眠らせない。主人へそのことを伝えたら「奥座敷のどっかの場所に寝れば、座敷わらしが出るらしい」とのこと。当人は忘れられない思い出のひとこま、

と結んでいました》

投稿者の義父という人物は、どうやら「いろいろと視る」性分であったらしく、昭和十年に秋田県能代《のしろ》市の旅館へ泊まったところ、夜中に白装束で髪を乱した女が白布をかぶった姿であらわれ、足もとから次第に重苦しくなった……との体験談も綴られている（翌朝、旅館の主人から「あの部屋では過去に心中が」と告白されるオチもなかなか恐ろしい）。投稿者いわく、義父は渋谷でも同様の目に遭ったという。

興味深いことに、文章から察するかぎり投稿者も語って聞かせた義父も、さほど怯えていないように思えてしまう。東北は「奇妙」や「不思議」が日常と地続きになっている――そんな仮説を証明するような態度ではないか。いやはや、なんとも東北は奥が深い。底が知れない。

山形県

# アマハゲ

月の砂漠

　山形県の一部の地域に「アマハゲ」と呼ばれる民俗行事がある。

　鬼の顔を持ち、蓑《みの》で全身を覆ったアマハゲという来訪神が、子どもたちの悪事を叱りに家々を回るという行事だ。有名な秋田の「なまはげ」によく似ている。

　今から三十年ほど前の正月、Mさんは山形の某町を訪れた。この町は、アマハゲが毎年開催されている地域の一つだ。

　当時、Mさんは民俗学を専攻する大学生で、来訪神について勉強していた。アマハゲは開かれた観光イベントではないのだが、この町に親戚が暮らしていたので、見物に行けたのだ。

　地元の青年会の人間が面をつけて扮装したアマハゲが、付添人の叩く太鼓の音に合わせて町内を練り歩き、子どものいる家々に順に押し入っていく。アマハゲ役の人たちの演技は堂に入ったもので、恐怖のあまり泣き叫ぶ子どももいた。想像以上に見応えがあったとMさんは語る。

行事は終わり、アマハゲも見物人たちも解散していった。Mさんも親類の家へ戻ることにした。時刻は夕方を過ぎ、辺りは闇が濃くなってきた。

雪が積もった歩道を足早に歩いていると、神社の境内で人影を見た。

こんな時間に何をしているのだろうかと、Mさんは見るともなしに目をやった。

そこに、アマハゲがいた。

一人のアマハゲが、古井戸の前に立っていたのだ。

Mさんは、この神社がアマハゲ役の人たちの控室になっているのだと思った。一仕事終えて、煙草でも一服しているのだろうと。

だが、Mさんは違和感を覚えた。そのアマハゲは、耳も首筋も真っ赤だった。そして、耳に面のヒモが掛かっていなかった。

次の瞬間、Mさんは我が目を疑った。

そのアマハゲが、井戸の中に頭から飛び込んでいったのだ。

Mさんは、目の前で起きたことが信じられなかった。あわてて井戸に走り寄った。足がもつれて上手く体が前に進まなかった。ようやく井戸の前まで辿り着き、中を覗き込んだ。

井戸は石で埋められており、中には入れないようになっていた。

「いかんせん暗かったんで、単なる見間違えかも知れませんけどねぇ」

Mさんは微笑みながらそう言う。

「この話はずっと秘密にしてきたんです。でも、今年はコロナでアマハゲが中止になっちゃって。町の過疎化も進んでるから、このままアマハゲの行事がなくなっちゃうんじゃないかと不安になってね。それで、話すことにしたんです」

Mさんは、あの時見たのは本物のアマハゲだったと、今でも信じているという。

# 鬼の宿

黒木あるじ

二月三日、いわゆる節分には豆を撒《ま》きながら「鬼は外、福は内」と呼びかけるのが一般的とされている。しかし、地域によってはそうとも限らないようだ。

たとえば群馬県の鬼石町《おにしまち》は、地名に〈鬼〉の字があるとの理由から「鬼は内、福も内」の声で鬼を招き入れるという。また成田山新勝寺《しんしょうじ》では「不動明王の前では鬼すら改心する」との考えから「福は内」のみ発し、埼玉県の鬼鎮《きぢん》神社や東京都台東区の真源寺《しんげんじ》は「福は内、悪魔外」と唱えるらしい。

そして、山形県には〈鬼の宿〉という節分の風習が最上《もがみ》地方を中心に伝わっている。鬼を追わないどころか、我が家へ泊めて歓待するのだ。

異人を迎え入れる行為は、秋田県のナマハゲや山形県のアマハゲなど〈来訪神〉を彷彿《ほうふつ》とさせるものがあって、なかなか興味深い。

奈良県の天河《てんかわ》神社や東京都小平《こだいら》市にも同名の慣わしが存在するというから、かつては全国各地に〈鬼の宿〉があったのかもしれない。

昭和半ば――日本海に面した庄内地方、A町の話である。

同町K沢地区にある板垣ミチさん（仮名）の生家も〈鬼の宿〉であった。もっとも彼女いわく「そのように呼ばれていた憶えはない」という。

「名前なんて無《ね》がったよ。節分の夕方になっど父ちゃ《だだ》が黙って玄関《じょのぐぢ》をガダガダと開けでの、囲炉裏端《じろばだ》に飯《まま》ど酒徳利、鰯コを並べんのよ。鬼のご馳走《つつぉ》だ」

膳には家族の誰も手をつけない。食事が済むと、父母が神棚の下へ客用の蒲団《ふとん》を敷く。客などおらず、もちろん家人が寝るわけでもない。鬼のための一宿一飯である。

飯や鰯は翌朝早く、藁《わら》に包んで近くの川へ流しに行く。ただし、その道中で知人とすれ違っても絶対に挨拶を交わしてはいけない――そのような禁忌《きんき》もあったそうだ。

父によれば「その昔、本家の先祖が鬼を助けた際〝お前らの一族を護《まも》ってやる〟と約束を交わして以降、鬼を泊めるようになった」との話だった。

もっとも、幼いミチさんはその謂《いわ》れをまったく信じていなかった。

だって、鬼など居《い》るはずがないのだから。

毎年おこなっているのに、自分は一度も鬼の姿を目にしていないのだから。

見えないモノは、居ない。居ないモノは、見えない。

それなのに、大人たちは毎年律儀に料理をこしらえては膳をならべ、川に棄てる。

子供心にも「莫迦莫迦《ばか》しい」との感想しか湧かなかった。

そんな嘲《あざけ》りが表情に滲《にじ》んでいたのだろうか。ある年の節分、いつもどおり〈鬼の宿〉の支度を終えた父が、ミチさんと彼女の弟へ向きなおり口を開いた。

「さ、子供《こどび》ら。囲炉裏端《じろばだ》の灰、よっぐ憶《あぐ》えどげよ」

静かに告げるなり、父は囲炉裏《いろり》をていねいに、ていねいに均《なら》していった。

いつもなら煙草の吸い殻を灰に捩《ね》じこむのも厭《いと》わない父が、なぜこれほど殊勝な真似をするのか。首を傾《かし》げながらも、ミチさんは母に急《せ》かされ床に就いた。

すると――はたして翌朝。

「あっ、鬼だ！」

弟の声に布団から飛び起きたミチさんは、小走りで居間に向かうなり目を丸くした。

囲炉裏の灰に、手の跡がいくつも残っていたからだ。

とはいえ鬼の仕業だとは容易に信じがたく、はじめは「誰かが夜中にそっと手形をつけたのではないか」と考えた。しかし両親も祖父も絵に描いたような堅物であり、このような児戯《じぎ》をたくらむなど考えにくい。

では、いったい誰の仕業なのか――そんなことを考えつつ囲炉裏を観察する。

灰に残された手形は父や祖父の掌《てのひら》よりはるかに大きく、おまけに指の関節が異様に節くれだっている。

寒気が走った。冬の海風を浴びたように身体の芯が震えた。

語彙《ごい》がすくない子供ゆえ、感じる怖気《おぞけ》をうまく形容できない。けれども手形の主が「鬼」と呼ばれても納得のいく存在」であることは容易に理解した。

こんなモノに我が家は護られていたのか。否、それは本当に「守護」なのか。もし護っているのだとしても——それはあまりに代償が大きすぎはしないか。

混乱のままに囲炉裏を凝視していると、父が背後から声をかけてきた。

「の、本当に来たろ」

狼狽を悟られぬよう「父ちゃは、鬼、見たことあんなが」と返答をはぐらかす。すると父は「無《ね》ェよ」と笑ってから、

「けンど、このとおり灰サ手《あぐ》の跡はあるろ。肝心なァは、それを見て〝鬼が居る〟と思うことだはんで」

曖昧《あいまい》で、なんだか道徳めいた科白《せりふ》——納得できなかった。

父はなにか隠しているのではないか。伝えていない事実があるのではないか。

だが、その疑念が晴れることはなかった。掌の跡を見たのはその一度きり、父も翌年に急逝したため、なにも分からぬまま——ミチさんはこの世を去っている。

以上の話は、ミチさんの長男にあたる悠仁氏（仮名）より拝聴した。

いまは亡き母から、幼少のみぎりに一度か二度ばかり聞いたのだという。

「まあ、母もすべて信じていたわけではなかったようですが、それでも思うところはあったんでしょう。〝翌年、鬼のご馳走を川サ流す帰り道、うっかり知りあいサ声をかけてしまっての。その夜ァ寝らんねがったよ〟と、笑顔で話していました」

つまりは鬼気せまる回顧録というよりも、どこか奇妙な思い出語りだったらしい。それゆえ悠仁氏自身もこの話をさして気に留めず、長らく忘れていたのである。

思いだしたのはミチさんの葬儀——正確に述べるなら、火葬の直後だったという。

茶毘《だび》に伏し、まもなく骨上げを迎えるというころ、火葬場の担当者が待合室に顔を出すなり、喪主である悠仁氏を手招きでこっそり呼びよせた。

「あの……お母様は、抗がん剤の治療をなさっておられましたか」

「いいえ。がんどころか持病さえありませんでしたけど」

「では、交通事故の類で亡くなられたとか」

「……死因は脳溢血《のういっけつ》ですが。独り暮らしだったもので発見が遅れまして」

不躾《ぶしつけ》な質問に答えながら、悠仁氏は不快感をおぼえていた。

なぜこの職員は親の死を嘆いている人間に根掘り葉掘り訊くのか。警察まがいの真似をして、いったいなにが知りたいのか。

苛立ちを告げようとした矢先、

「あまり前例がないもので、いろいろお伺いしたんですが」

職員がひといきに言うなり、やおら歩きだした。

わけが分からぬまま背中を追う。やがて、職員は収骨室のドアを無言で開けると、炉の前に置かれた台車の前で足を止めた。

ステンレス製の台車には、母のものとおぼしき遺骨が横たわっている。

「え」

頭蓋骨がない。

首から上が、欠片のひとつも残らぬほど粉々に散っている。

頭骨は、花火よろしく放射状に広がっていた。

さながら――巨大な掌で押し潰されたかのように。

「やはり……挨拶で禁忌を破ったのが原因なんですかね。囲炉裏の手形を見たときに母が抱いた直感は、正しかったんですかね。代償を払わされたんですかね」

悠仁氏いわく、ミチさんの郷里では現在も〈鬼の宿〉がおこなわれているらしい。

「らしい」と記したのは、悠仁氏が一度も参加していないからだ。母方の家を訪ねる際は、なにかと理由をつけて節分の時期に重ならぬよう心がけている。

「母の遺骨を目にして以来、妙な確信があるんですよ。自分が近寄ってはいけない。鬼はまだ、母の禁忌を赦《ゆる》していない……そんな気がしてならないんです」

# 正体

黒木あるじ

平成なかごろの話である。

その夏、K氏は釣り仲間数名と連れ立って日本海沿いの飛島《とびしま》へと出かけた。

飛島は酒田《さかた》市からおよそ四十キロの海上に浮かぶ、山形県唯一の有人離島である。夏は避暑地としてにぎわい、なかでも釣り客には絶大な人気をほこっている。

「私たちも三泊四日のスケジュールで遊漁船をチャーターしたんですが、初日にけっこうな釣果《ちょうか》があったもんで〝明日は変わった場所に行きたいね〟なんて相談していたんですよ。すると誰かが〝それなら御積島《おしゃくじま》で竿を垂らそう〟と提案して」

御積島とは飛島近郊にある無人島で、地元のパンフレットによれば「弘法大師の流した梵字《ぼんじ》札が島に打ちあげられ、積み重なった」なる伝承が由来なのだという。

「伝説はともかく、無人島だったらどれだけ大漁を騒いでも迷惑にならないよな……そんな思いもあって、翌日の目的地を御積島に決めたんですが」

予想に反し、釣果は散々だった。

遊漁船から磯に渡って二時間ほど糸を垂らしたものの、まるで手応えがない。

「おまけになんだか嫌な空気でね。島はずれに洞窟が見えるんですけど、そこから漂《ただよ》ってくる風が、なにか腐ったようなにおいなんですよ」

せっかく宿で用意してくれた弁当も、悪臭の所為《せい》でまったく食べる気になれない。

すっかり気分の萎えてしまったK氏は、堪《たま》らず近くの仲間へ呼びかけた。

「おい、午後は場所を変えようや」

言い終わると同時に、竿が大きくしなった。憂鬱な気持ちが一瞬で吹き飛ぶ。

慌てて竿を握りしめ、左右に暴れる糸を見定めながら慎重にリールを巻いていく。

これは大きい。感触から察するにマダイかクロダイ、それともメジナか。

汗みずくで格闘すること、およそ五分。まもなく海面にクロダイとおぼしき魚影が姿を見せ——その直後、仲間のひとりが呟《つぶや》いた。

「なんだあれ」

促《うなが》されるまま目を凝らす。なるほど、クロダイの尾に紐のような物体が絡《から》んでいる。

釣り糸よりもはるかに太く、海藻の類にしては色が明るい。

正体をたしかめようと海面を凝視する。K氏の口から「なんだあれ」と、おなじ科白《せりふ》がこぼれた。

人間の腕が、ゆらりゆらりと泳いでいる。

ウミヘビ、深海魚、プラスチックの浮遊物——いま目にしているものが信じられず、可能性を探りながら目を凝らす。しかし何度見ても、それは腕だった。血色の薄い肌。異様に骨ばった手の甲。棘《とげ》と見まがうほどに細い指が、クロダイをしっかと握りしめている。手首から下は、海中に溶けて見えなかった。

水死体——ではない。あれほど長い腕の人間など、いない。

K氏と仲間が唖然とするなか、腕は海面まぎわでクロダイを握りつぶすと、真っ赤に染まった水のなか、ゆらゆらと海の底へ沈んでいった。

頭だけになったクロダイを見て、誰言うともなくその日の釣りはお開きになった。

「ああ、あの洞窟はオガミってんだよ。龍神の住処《すみか》だ」

宿へ帰ってそれとなく問うてみると、主人があっさり答えた。

「りゅうじん……って、あの伝説に出てくる龍ですか」

「ンだ」

絶句するK氏に構わず、主人は言葉を続けた。

「オガミの内部には、龍の鱗が岩肌にびっしり生えてんだ。学者の先生は〝堆積《たいせき》した海鳥の糞が正体だ〟なんて言ってっけど、まあとにかく変わった処《ところ》だよ。なんせ昔ァ、オガミは女人禁制での。藩の役人がお妾《めかけ》さんを男装させてオガミ見物に連れだしたら、入り口で女が失神して岩から転げ落ちたなんて話もあるんだから……んでも」

ひとくさり解説を終えた主人が「どうしたの、いきなり」と、こちらを睨《にら》む。

「突然オガミの話なんか訊いてよ。もしかして……島で、なんか見たのか」

はい——とは、さすがに言えなかった。


「私たちが見たあの腕こそ、龍神の正体なんじゃないですかね。女人禁制の時代に、あの洞窟で死んだ女がいまも彷徨《さまよ》っている……あるいは〈アレ〉が居るから女人禁制になった可能性もありますよね」

仮説は様々浮かぶものの、K氏に確認する気はないという。

「だってあの腕、どう見ても我々に怒ってましたから。まんがいち再会したら、どんな目に遭うか」

いまも庄内にはちょくちょく足を向けるが、もっぱら浜釣りに留めているそうだ。

## 魔の道

黒木あるじ

庄内地方の日本海沿い、鶴岡《つるおか》市内を走る国道七号の一角（詳細な位置は伏す）は「魔の道」という不気味な俗称を有している。

『続庄内奇談』（畠山弘／阿部久書店）によると、この道の向かいには死者の霊が集う〈モリ供養〉で知られた三森山《みつもりやま》があり、昔から山に登って怨霊に憑かれる者があとを絶たなかったのだという。畠山は「その怨霊が科学を超えて国道七号に出没し、無謀なドライバーにつきまとっているのではないか」と記している。

さて、私が「魔の道」なる名称を知ったのは一昨年のことである。ところが調べてみたところ、これまで取材したなかに「魔の道での出来事」が複数存在する事実が判明した。またとない機会ゆえ、以下に列記してみたいと思う。

◆四十代男性：鶴岡市在住

新潟での仕事を終え、深夜に雨の国道七号を車で走っていると、突然カーラジオにノイズが混じりはじめた。芸人のお喋《しゃべ》りが途切れ、代わりにお経としか思えない声が聞こえてくる。「あっ、魔の道だ」と悟って鳥肌が立ち、とっさにボリュームを絞ったが、お経はますます大きくなる。停車するのも恐ろしく、そのままアクセルを踏み続けた。

一分ほどでラジオはもとの芸人トークに戻った。安堵した直後、さきほどのお経が三年前に亡くなった父の声とそっくりなのに気がついた。生前の父は仏事に無関心な人間で、お経などひとことも読めなかった。だから、いまは恐怖より疑問が消えずにいる。

◆三十代男性：鶴岡市在住

国道七号を走っているときにかぎって、スマホに番号非通知の電話がかかってくる。これまで憶えているだけで七回着信があった。もちろん、出たことはない。

あるとき「また電話が鳴ったら怖いな」と思い、スマホの電源を落としておいた。国道を抜けてすぐ電源を入れたが、通知記録はない。安堵しつつ自宅に帰ると、母が「さっきはどうしたのよ」と訝《いぶか》しげに訊ねてきた。

「電話をしてきたと思ったら、ずっと無言で。おまけに叫ぶなり切るんだもの」

母は「あなたの名前が画面に表示されていた」と言い張ったが、自分のスマホには通話記録など残っていなかった。最近は、ためしに出てみようか悩んでいる。

◆五十代女性：新潟県村上市在住

数年前に、化けもの祭り（筆者注：毎年五月に鶴岡市で開催される奇祭。長襦袢《ながじゅばん》と編み笠で顔を隠した〈化けもの〉が、無言で見物人に酒をふるまう）を、知人女性と見物に行ったときの話。

祭りのあとに鶴岡市内で夕食を済ませ、国道七号を帰っていると、運転席の知人が「え、こんな夜遅くまでお祭りやってるんだ」と驚いている。見れば、着物姿の女性数名が海側の路側帯にならんでいた。編み笠は被っておらず、みな一様に顔を伏せている。不思議に思いながら真横を通りすぎ、気になってサイドミラーに視線を移した。

無人だった。

思わず「誰もいないよ」と口に出すなり、知人がいきなり笑いだして「だっていま車に乗っちゃったもの」と言った。あまりに怖くて、彼女が笑っているあいだもしばらく叫んでいた記憶がある。気がつくと車は停まっており、知人に肩を揺さぶられていた。彼女は「あなたがいきなり絶叫しはじめた、自分はなにも言っていないし、女も見ていない」と青ざめていた。後日、同僚に一連の出来事を教えると「あそこはそういう場所だから」と教えてくれた。くだんの知人は入院している。

◆四十代男性：山形市在住

二十年ほど前のお盆に、磯釣り目的で鶴岡市へ向かったときのこと。

日の出前の〈朝まずめ〉に到着し、どのあたりで釣り糸を垂らそうかと迷いながら国道七号沿いを行きつ戻りつしているうち、波間に白色のかたまりが見えた。

あれは飛沫《しぶき》だろうか。あの下に魚群がいるのか——興奮して目を凝らした。

違った。白いものは波ではなかった。

真っ白い〈人間っぽいモノ〉が海上に立ち、自分の手でみずからの首を絞めていた。遠目でもわかるほど激しく扼《やく》しているにもかかわらず、〈白いモノ〉は愉《たの》しげに嗤《わら》っている。波の上に起立していることより、嬉しそうな笑顔に寒気をおぼえた。

その日は釣りを中止し、山形へ戻った。

それから数日、なぜか車内が磯臭かった。〈白いモノ〉と関係があるのかはわからない。あまり深く考えぬよう努めている。

しばらく経って、釣り仲間から「あの道では幽霊が事故を起こすんだよ」と聞いたが、自分は腑《ふ》に落ちていない。あれは幽霊ではないような気がする。

◆六十代女性：庄内地方在住（本人希望により詳細は伏す）

若い時分、本家の従兄《いとこ》があの道で亡くなっている。カペラという赤い車に乗っていて、対向車と正面衝突。即死だった。

それ以降、本家はもちろん分家の我が家でも「赤い車」は禁忌になっている。赤い車を運転すると〈従兄らしき、ぐざぐざの肉〉が乗ってくるからだ。

自分も一度だけ目撃している。

# 巨人譚《おおひとたん》

黒木あるじ

山形県には、異様に大きな体躯《たいく》の、いわゆる〈巨人〉にまつわる話が多い。たとえば江戸時代の漢学者・古賀侗庵《こがとうあん》が記した『今斉諧《きんせいかい》』には、吾妻山《あずまやま》（福島との県境にある山）で大男を目撃したとの記録が記されている。この巨人は身の丈およそ四メートル半、木の葉を綴った衣服をまとい、話すことも笑うこともなかったという。ときおり人里までやってくる大男を村人は神のごとく敬《うやま》い、酒でもてなしたが、巨人は供物にまったく手をつけず、すべて包んで持ち帰ったらしい。

幕末には、高畠町《たかはたまち》の亀岡山（現在の文殊山）に巨人が出たという話が残っている。織田藩の加藤某《なにがし》なる男が茸《きのこ》狩りに亀岡山へ入ったところ、身の丈六尺あまりの巨人に遭った。男は長髪を垂らしており眼光が鋭く、猿に似ているが猿ではなかったという。加藤某が切りつけようと刀を構えたところ、大男は彼方へ去ってしまったそうだ。

近年では、昭和三十二年に宮城県境の船形山で巨人に遭遇したという記事が、昭和四十年七月二十一日の「毎日小学生新聞」に載っている。記事によれば、巨人を見たのは尾花《おばな》沢《ざわ》市の大類氏という男性で、仲間十名と山小屋で夕食を食べていたところ、身の丈二メートルほどの巨大な男がのっそりと入ってきたのだという。大男は地面に届くほどの長髪で赤い目玉が光っており、大類氏が驚きつつ「誰だ」と訊ねたものの、なにも答えずに鉢ひとつぶんの飯をたいらげ、小屋を出ていったそうである。

ふと思う。いまも〈彼ら〉は、出羽の山中に棲んでいるのだろうか。

◆
◆
◆

先輩ビデオカメラマンのS氏より、昭和六十年の出来事としてこんな話を聞いた。

その年の初秋、彼は蔵王《ざおう》スキー場をめざし車を走らせていたのだという。

目的は紅葉の撮影。山頂へ向かうロープウェイに乗り、カメラをまわす腹積もりだった。ドローンなどない時代、俯瞰《ふかん》を撮るのにロープウェイは最適だったのである。

山形市内を出発したのは夜明け前。まだ薄暗いなか、つづら折りのカーブを抜けて蔵王へと向かう。職業柄、ハンドルを握りつつ絶えず窓の外に視線を巡らせていた。

と、渓谷に架かる橋へ差しかかったおり、S氏の目に〈それ〉が飛びこんできた。

朝靄《あさもや》で薄白に煙《けぶ》った橋——その縁《へり》をがっしり掴む、指らしき物体が見える。わずかにスピードを緩《ゆる》めて確認すれば、やはりまぎれもない人間の指である。

なぜ、指が。考えるよりも早く「自殺」のふた文字が頭に浮かぶ。

飛び降りようとして怖気《おじけ》づき、橋げたにぶら下がっている——そう直感した。

慌てて車を停めると外へ飛びだし、指を目撃した位置まで駆けもどる。接近するにつれて、細長い指がはっきりと見えた。

四つん這いになり、真下を覗《のぞ》きこんで声をかける。

「ちょっとあんた。理由はあとで聞くから、ひとまず俺の腕に掴まって……」

言いながら伸ばした手が——途中で止まる。

禿頭《とくとう》の老人が、無表情でS氏を見あげていた。

吹き出物まみれの皮膚。傷だらけで乾いた唇。まばらな白髪には枯れ葉や小動物の毛が絡《から》まり、こちらを睨《にら》む両目は白く濁っている。衣服はなにひとつ纏《まと》っておらず、木板を思わせる扁平《へんぺい》な胴体が真下まで伸び、霧のなかに溶けていた。

「……そんなわけないだろ」

思わず声が漏れた。谷底までは、ゆうに十数メートルの距離があるのだ。

理解が追いつかず硬直していると、ふいに渓谷からぬるい風が吹きあげてきた。

季節は初秋、おまけに早朝の山である。ダウンジャケットでも肌寒いというのに、頬《ほほ》を打つ風はやけに暖かく、異様に湿気を帯びている。

実家で飼っていた老犬の息を思いだす、獣の呼吸そっくりな風だった。

あ、違うわ。これ、人じゃないわ。

地面へ手をついたままの姿勢で、そろそろと後退する。車に戻るなりドアロックを掛け、〈あれ〉を目にしないようバックミラーも反転させてからエンジンをかけた。

信じがたい事態に驚愕したものの、そこはベテランである。ロープウェイに到着すると、S氏は半ば放心しつつもカメラを回し、無事に紅葉を撮りおえた。

帰路はアクセルをめいっぱい踏み、橋を見ないように努めて通過したという。

◆　◆　◆

市内へ到着するころには、怖気《おぞけ》もずいぶんとおさまっていた。

カメラを回しておけば、スクープだったな——軽口を独りごちながら、会社へ戻る。と、編集室に入るなり後輩が「どうしたんスか」と顔を歪《ゆが》め、袖で顔を塞《ふさ》いだ。

「Sさん、とんでもなくクサいんスけど。なんか動物園みたいなにおいがしますよ」

どれほど丁寧に身体を洗っても、悪臭は二日ほど消えなかった。

それから、あの橋には近づいていない。山もなんだか苦手になってしまった。

後輩のH君がソロキャンプ中に遭遇した〈巨人〉は、やや趣きが異なる。

「去年の夏、県内の[redacted]って山の奥にテントを張ったんです。あ、許可とか貰ってないんで場所は伏せといてください」

焚《た》き火にコッヘルをかけて湯を沸かし、持参したカップラーメンを黙々と食べる。缶ビールを飲みながらのんびりするうち、あっというまに日が暮れた。

山の闇は予想以上に深く、焚き火を離れると指先も見えぬほどに暗い。そのくせ木々のざわめきや沢の水、名も知らぬ鳥の声など音だけは明瞭《はっき》り聞こえて気に障る。

なんだか心が落ちつかず、彼は早々と寝袋にくるまった。

「酔いに加えて普段の疲れもあったのか、まもなく寝てしまったんですけど」

夜中に目が覚めた。

藪《やぶ》を漕ぎ、枝を踏み折る足音。誰かがテントに近づいている。

キャンパーかな、それとも山の持ち主かな。さすがに、クマじゃないよな。

寝袋のなかで息を潜めるうち、ふいに音が止んだ。耳を欹《そばだ》ててみたものの、足音の主が遠ざかった様子はない。三分、五分——堪《た》えきれずに、H君は動いた。

音を立てぬようテントのファスナーを開け、隙間から外を確認する。焚き火の炭もとっくに消えた暗黒のなか、何者かの気配だけが漂《ただよ》っている。

確認するしかない。

手探りでLEDのランタンを手繰《たぐ》りよせ、息を深く吸ってから点灯した。

「お」

テントから数メートル先の茂みで〈おおきなひと〉が立っていた。

「お、お」

目測でも全長四メートルはある全裸の女が、げばげばと笑っていた。

「お、おかあさん」

女の顔は、三年前に亡くなった彼の母にうりふたつだった。

巨大な〈おかあさん〉は、さながら玩具で遊ぶように傍らの木々を揺すっていた。枝が鳴る。葉が落ちる。心から愉快そうに女が笑っている。

なんとかスマホだけを掴み、這うようにしてH君はテントから逃げだした。

「でたらめに走って、三十分ほどで麓《ふもと》の駐車場まで辿りつきました。いや、あのとき遭難せずに済んだのは本当に奇跡でしたね。ただ……」

その日以来、背中や腕に憶えのない切り傷ができるようになった。

「どの傷も浅いんですが……かならず化膿《かのう》するんですよ。黄色い膿《うみ》がじくじく漏れて、それが吐きそうなほど臭いんです。動物みたいな臭気なんです」

やっぱり〈おかあさん〉、勝手に踏み入ったのを怒ってるんですかね。

しきりに衣服や腕を嗅ぎながら、H君は弱々しい声をこぼした。

あの山へ〈お詫び〉に行くべきか悩んでいる最中だという。

## 奥羽異譚・山形県

人間が忽然と消え失せる「神隠し」。古くは神や天狗の仕業とされ、『吾妻鏡』や『今昔物語』に記録が残るほか、東北では『遠野物語』などに記述されている。
山形県も神隠しにまつわる話は多く伝わっており。それも明治や大正など近代の出来事が多い。本項では、新庄市の郷土史『かつろく風土記』（笹喜四郎／新庄市教育委員会）と『現代民話考〈1〉河童・天狗・神かくし』（松谷みよ子／ちくま文庫）を底本に、二話を紹介しよう。

《明治四十年ごろ、新庄市御旗町に住む溝辺という女性が、金沢山へわらび採りに出かけたまま行方不明になった。親戚や近所の者が山狩りをしたものの、死体さえ発見できず、人々は「神かくしに遭ったのだろう」と噂した。それからおよそ二十年後、秋田の狩人が溝辺の家を訪ねてきた。いわく、山に迷いこんだおり、老婆となった溝辺に遭遇したというのである。老婆は「ここは人の来る場所ではない」と帰るよう促《うなが》し、「自分はわらび採りに山へ入ったところ雷雨に見舞われ、休んでいたはずがここに居たのだ」と言った。「なぜ家に帰らないのか」と問う狩人に、老婆は「恐ろしいモノがいるので帰れない。昼は姿を見せないが、夜になるとやってきて一日一回汁を飲ませてくれる。美味くはないけれど、歳をとらない薬だというので飲んでいる」と教えてくれた。まもなく狩人はどうにか下山したが「その山へ行く道は、いまでもよくわからない」と、溝辺の娘に告げたそうである》

《大正末期、新庄市鉄砲町のフサヨという娘が松茸採りに行ったまま帰らないので騒ぎになった。ところが昭和四年ころ、トメという娘が、祭りの人混みにフサヨとおぼしき女を見つけた。近づいてみればやはり女はフサヨで、八月だというのにぼろぼろの着物と蓑《みの》をかぶっている。トメが声をかけるとフサヨはたいそう喜び、「いまは天狗の嬶ァ《かか》になって、及位《のぞき》（秋田県境・甑山《こしきやま》の難所）にいる」と答えた。たしかにフサヨは行方知れずになったときより若々しく、小娘のような肌艶《はだつや》をしているではないか。その若々しさにトメが驚くと、フサヨは「年に一度、天狗に腋の下から血を吸われるから若いのだ。それがいちばん辛い」と言った。トメは一緒に帰るよう引き留めたが、フサヨはその手を凄まじい力で振り払い、人ごみに紛《まぎ》れてしまった。以来、彼女の姿を再び見た者は誰もいないそうだ》

# このした

黒木あるじ

数年前の夏、仙台市のTさん一家が庄内までドライブに出かけたときの話。

庄内地方へ続く山道を走っていると、五歳になる息子が「おしっこ」と言いだした。さりとて山中である。公衆トイレはおろか、コンビニやドライブインなども近くにはない。仕方なく沿道に車を停め、立ち小便をさせることにした。

草を分けいり、車道から見えぬ野原の奥まで親子そろって進む。息子のズボンとパンツを下ろし、背中を支えながら用足しを待っていると、

「このしたにいるぞっ」

野太い声で三度おなじ言葉を叫び、息子はその場で気を失った。

服がびしょ濡れになるのもかまわず、我が子を抱えて車に運ぶ。そのまま山形まで舞いもどり救急病院へ直行したものの、息子に取りたてて異常は見つからなかった。意識が回復してから本人にも訊ねたが、なにひとつ憶えていなかったという。

「それだけの出来事なんです。いや、まるで理由がわからない話ですよね」

苦笑するTさんを前に、私は言うべきか否か悩んでいた。

彼ら一家が走っていたのは月山道《がっさんどう》。修験で名高い出羽三山のうち、月山と湯殿山《ゆどのさん》を貫く道路である。そして、湯殿山ではその昔、即身仏と呼ばれる荒業がおこなわれていた。およそ千日のあいだ十穀を断って木の根や皮のみを食し、飢餓状態になったすえに土中へ入定し、死後に掘りだされ〈生き仏〉となるのだ。

現在、山形県には七体の即身仏が安置されている。だが、これらはあくまで無事に掘りだされたものに過ぎない。一説によれば、湯殿山には発見されぬままの即身仏が何体も埋まっているのだとか。つまり、彼が聞いた声の主は——。

取材の際、おおよその位置は確認できた。

今夏、私はその場所へスコップを手に赴いてみるつもりだ。

もしも声の主に〈出逢えた〉際は、続刊でご報告することを約束しておきたい。

# 執筆者一覧

**黒木あるじ**（くろき・あるじ）
山形県山形市在住。怪談作家として精力的に活躍。「怪談実話」「無惨百物語」「黒木魔奇録」「怪談売買録」各シリーズほか。共著では「FKB饗宴」「怪談五色」「ふたり怪談」「怪談四十九夜」「瞬殺怪談」各シリーズ、『実録怪談 最恐事故物件』『未成仏百物語』『奥羽怪談』など。小説では『掃除屋 プロレス始末伝』『葬儀屋 プロレス刺客伝』『小説ノイズ【ｎｏｉｓｅ】』など。

**小田イ輔**（おだ・いすけ）
宮城県出身・在住。「実話コレクション」「怪談奇聞」各シリーズ、共著に「怪談四十九夜」「瞬殺怪談」各シリーズ、『未成仏百物語』『奥羽怪談』など。原作コミック『厭怪談 なにかがいる』（画・柏屋コッコ）も。

**葛西俊和**（かさい・としかず）
青森県出身。実家はリンゴ農家を営む。怪談蒐集にいそしむ傍ら、青森県の伝承や民話、風習についても情報を集めている。単著に『降霊怪談』『鬼哭怪談』、共著に「怪談四十九夜」「瞬殺怪談」各シリーズ、『怪談実話競作集 怨呪』『獄・百物語』『奥羽怪談』など。

**鷲羽大介**（わしゅう・だいすけ）
岩手県出身。非正規労働者として貧困に喘ぎながら、怪異の蒐集と分析に乏しいリソースを注ぎ込み続ける。「せんだい文学塾」代表。共著に「江戸怪談を読む」シリーズ『猫の怪』『皿屋敷 幽霊お菊と皿と井戸』、「怪談四十九夜」「瞬殺怪談」各シリーズ、『奥羽怪談』など。

**大谷雪菜**（おおたに・ゆきな）
福島県出身。第三回『幽』怪談実話コンテスト優秀賞入選。ウェブを中心にライターとして活動中。共著に「怪談四十九夜」シリーズ、『奥羽怪談』『実録怪談 最凶事故物件』『世にも怖い実話怪談』など。

**卯ちり**（うちり）
秋田県出身。二〇一九年より実話怪談蒐集を開始し、怪談最恐戦二〇一九東京予選会出場をきっかけに怪談語りも並行して活動。『怪談のシーハナ聞かせてよ 第弐章』出演他。共著に『呪術怪談』『怪談最恐戦2020』『怪談最恐戦2021』など。

**菊池菊千代**（きくち・きくちよ）
宮城県出身・福島県育ち・岩手県北上市在住。ホラービデオマニアの母の影響で、幼少期から怪談に傾倒。共著に『実話怪談 犬鳴村』『怪談最恐戦2020』『怪談最恐戦2021』。

**月の砂漠**（つきのさばく）
血圧高めで恐妻家の放送作家。大学で佐々木喜善や柳田國男の民俗学に触れて以来、東北地方の民話や妖怪を個人的に研究し続けている。最近、少しだけ津軽三味線を練習中。第四回「上方落語台本大賞」で大賞受賞。共著に『実話怪談 犬鳴村』『実話怪談 樹海村』『実録怪談 最恐事故物件』『怪談最恐戦2021』など。

**鶴乃大助**（つるの・だいすけ）
怪談好きが高じて、イタコやカミサマといった地元のシャーマンと交流を持つ。いかつい怪談ロックンローラー。弘前乃怪実行委員会メンバーであり、津軽弁による怪談イベントなどを県内外で精力的に行う。共著に『青森怪談 弘前乃怪』『奥羽怪談』など。

**高田公太**（たかだ・こうた）
青森県弘前市出身・在住。新聞記者を生業とする傍ら、県内外の実話怪談を取材執筆する中堅怪談作家。主な著作に『恐怖箱 青森乃怪』『恐怖箱 怪談恐山』、共著に『青森怪談 弘前乃怪』『東北巡霊 怪の細道』『奥羽怪談』『煙鳥怪奇録 机と海』など。

# 奥羽怪談　鬼多國ノ怪

2022年6月6日　初版第1刷発行

著者……………………………… 黒木あるじ、小田イ輔、葛西俊和、鷲羽大介、大谷雪菜、卯ちり、菊池菊千代、月の砂漠、鶴乃大助、高田公太

デザイン・DTP ………………………………………… 荻窪裕司（design clopper）

企画・編集 ………………………………………………………… Studio DARA

発行人………………………………………………………………………… 後藤明信

発行所…………………………………………………………………… 株式会社 竹書房

〒102-0075　東京都千代田区三番町８－１　三番町東急ビル６F

email：info@takeshobo.co.jp

http：//www.takeshobo.co.jp

印刷所……………………………………………………………… 中央精版印刷株式会社